お金も人生も薔薇色！老後計画

ファイナンシャルプランナー
山口京子

「お金迷子さん」たちの薔薇色人生計画を猛プッシュします！

こんにちは。〝貴女に寄り添う〟ファイナンシャルプランナー・山口京子です。突然ですが、私の元には毎日のように、たくさんの**お金迷子さん**たちがやってきます。

プロフィールはさまざまでいらっしゃいますが、皆さま**「お金って難しいから」「忙しいから後回しにしちゃって」「でも、すぐそこに近づいた老後は不安！」「何とかしなければと、思っているんですよ、ほんとに」「でも、何もできていないんです（絶叫）！」**……と、こんな具合に阿鼻《あび》叫喚。

今、この本を開いてくださっている貴女も、激しく同意なさっているのではないでしょうか？　ではまず、このテストを解いてみてください。

【 お金の常識　抜き打ちテスト 】

イエスかノーでお答えください。
判断に迷う場合は「イエス」で。

Q1　60歳までに2000万円貯金がないと、貧困老人確定。

Q2　貴女がこれまで納めた年金が、老後に支払われる。

Q3　絶対に元本割れしない投資などない。

Q4　「高年収＝資産がいっぱい」である。

Q5　ＮＩＳＡとは株である。

はーい、**回答はすべて「ノー!」**です。そして、**0点の貴女はごく普通、ボリュームゾーン**です。どうぞご安心くださいね。では、解説しましょう。

(Q1)

A **60歳までに2000万円の貯金がなくても、薔薇色の老後は送れます!**

「老後2000万円問題」で、絶望的な気持ちになってしまった貴女。40ページの種明かしを読んで、ホッとなさってください。

(Q2)

A **貴女がこれまで納めてきた年金=貴女がもらえる年金ではありません。**

貴女が払ってきた年金は、現在の受給者に配布済み。そして、年金で老後は賄えません。でも心配ご無用。30ページを読めば希望が湧いてきますよ。

(Q3)

A 絶対に損（元本割れ）しない投資……うふ、ありますよ。

「投資＝株でしょ?」「大暴落して大損するヤツ!」「ギャンブル!」……すべて「ノー!」。絶対損しない投資のご紹介は、100ページにジャンプ!

(Q4)

A 「高年収＝資産がいっぱい」とはいえない今、注目すべきは「投資格差」!

年収500万円の世帯より、金融資産で上回る年収200万円長者。そのトリックは、宝くじでも遺産でもありません! 謎解きは86ページへ。

(Q5)

A NISAは株ではなく「制度」の名前です。

誤解していた貴女、嘆くことなかれ。166ページで、「NISAが何かがわからなくても、NISAで資産運用できる方法」をお教えします。

……ということで、**お金常識０点の貴女**のため、**「これからはお金に泣かされずに、薔薇色の人生を歩んでもらいたい！」**との強い決意で、私の持てるノウハウをすべて詰め込んだのが、この本です。

「そういうけど、あなたはへそくりが1億円もあるんでしょ」「私なんかとは、もともと違うスキルがあるのよ」なんて、線引きしないでくださいね。

わが家など、結婚当時の世帯年収は200万円台。さらに、私も夫もフリーランスで、不安定このうえなし。漫画に出てくるような築古マンションに暮らしていて、あの頃は先々が不安でした。夢の中に、大好きなおばあちゃんが現れて励ましてくれたときには、思わず涙ぐんでしまいましたっけ。

では今、アラカン（還暦）の私はなぜ老後の心配をせず、ニコニコなのか。

「このままじゃダメ！　お金の真実をちゃんと知りたい」と、2000年に一念発起。ＦＰ学校の門をたたき、**お金のことを正しく理解した**からです。同じように、「このままじゃダメだ！」と勇気を出して私のところに相談にいらっしゃるのは、まじめで仕事熱心な方々ばかりです。ただ、**お金に苦手意識が強い**方が多く……。証券会社の申込書に緊張しすぎて、ハンコを8回も押し直したり、勧められるまま保険に9つも入ったり、自営業者なのに確定申告を何年もしていなかったり。驚きのエピソードが満載なのです。

でもね。**「8回ハンコさん」**は、ＮＩＳＡで自ら投資信託を選び、**つみたて投資デビュー**。２０２４年8月5日に起こった、記録的な株の大暴落時も慌てず騒がず。今や薔薇園でお茶を楽しむ貴婦人のごとく、老後の心配などどこ吹く風の毎日を送っておいでです。

奥様をあきれさせた**「9つ保険さん」**は、ご夫婦で老後について話し合い、

つみたて投資はp.157へ

「電気自動車を買おう」「留学しよう」「宇宙旅行も！」と目標を設定。**貯金のみの資産を大きく見直し**、薔薇色の人生への道を歩み始めました。

「未確定申告さん」は、さかのぼって確定申告を行い、**家計の管理方法を根本的に改革**。すると……マンションをご購入！　さらにご結婚！　ハッピーの連続に、その類は薔薇色に輝きっぱなしです。

貴女のこれからの人生、どうなれば「薔薇色」ですか？　夫婦で世界一周クルーズ、大学で学び直し、憧れのカフェ経営、今までできなかったボランティア……お任せを。**お金の不安を無くせば、薔薇色の夢は必ず叶います。**

ちなみに、私は大好きな着物姿で、ハイボールを飲みながら本を読む、可愛いおばあちゃんになりたいです。うふ、老後が楽しみ～。

さあ、貴女も。**世界一の長寿国・日本で、薔薇色の人生をご一緒に！**

Contents

Contents

Contents

ファイナンシャルプランナー（FP）ってどんな人？

お金に関する広い知識を持って、家計や資産運用のアドバイスを行う「お金のプロ」。薔薇色の老後に必要な資金はもとより、年金、貯蓄、保険、投資など、ありとあらゆるお金の相談ができる。その他、家計管理方法、資産の有効活用、住宅ローンの見直し、相続にまつわるお金の問題など、「お金と人生のお困りごと」は、ファイナンシャルプランナーにお任せ！

第1章

60歳までにこれからのお金を考える！　切り替える！

人生の折り返し地点を経過した貴女へ。これからの「後半戦」はお金も気持ちも薔薇色に！

まずは皆さま。これまでの人生、本当にお疲れ様でした。酸いも甘いも辛いも経験され、お金の苦労もなさったことでしょう。人生の三大支出は、

●**教育資金**
●**住宅資金**
●**老後資金**

ですが、今、どのような状況ですか？　教育資金と住宅資金はライフスタイルによって、完了した・苦戦中・無関係など個別に事情は変わるでしょう。しかし、「老後資金」だけは全員必須です。さらに、私たち**日本人女性は、人類史上最も長い老後**を生きねばなりません。左の図をご覧ください。

人生100年時代の老後は長い!!

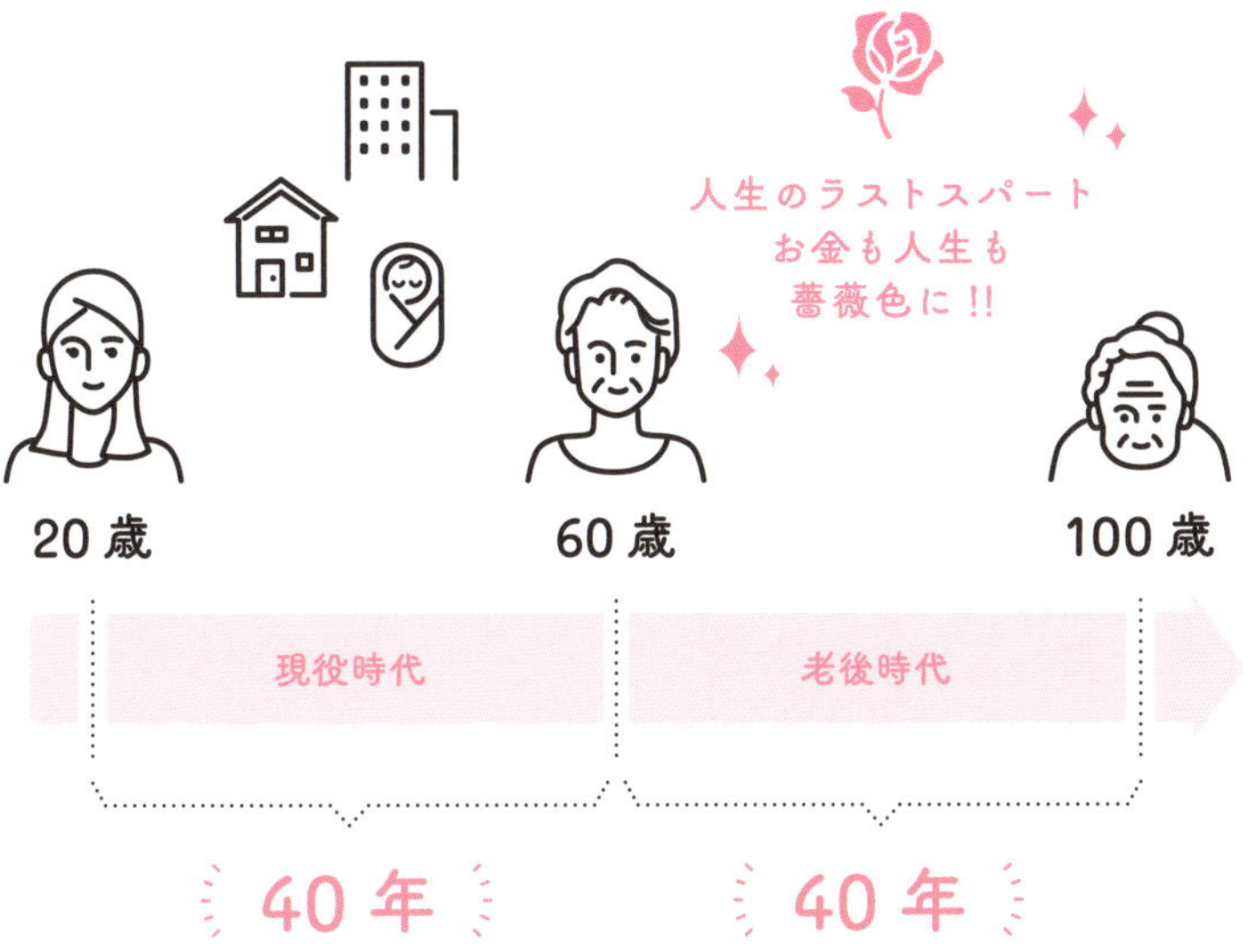

真ん中を還暦の60歳にして、20歳から還暦までが現役時代、還暦から天に召されるまでが、いわゆる老後時代です。
今のあなたは、どのあたりにいるでしょうか？　時間の長さでみると、老後のほうが長い！　という方がほとんどでしょう。

この図の示すように、人生１００年時代の現代、私たちには60歳から約40年もの老後が！　つまり、**20歳の振り袖のお嬢さんが、赤いチャンチャンコを着る還暦になるまでと同じ時間が、老後にあるんです**。「大丈夫！　老後資金はた〜っぷりあるから、１００歳まで生きてもあ・ん・し・ん♪」なんて余裕しゃくしゃくの方は挙手を――（シーン）いらっしゃいませんよね。

この40年&40年の図と同じくらい、私がよく講演会で解説するのが、**「預金残高＝貴女のマネーリテラシー（お金を理解し活用する能力）」**だということ。貴女の現在のマネーリテラシーは、ずばり「少々低め」、もしくは「かなり低め」、または「限りなく低め」ですね（占い師風）。

でも、心配なさることはありません。とあるアンケートで**「老後に不安がある」と回答した方は82・2%**※1に達したにも関わらず、実際にＮＩＳＡの口座を開いている人は成人のおよそ24%、ｉＤｅＣｏに至っては5%。つまり、**「老後に不安がありながら何もしていない人が大半」**なんです……。

その実態を鑑みれば、危機感をもってこの本を開いている貴女は、たとえ今のマネーリテラシーが低かろうが、**薔薇色の老後に向かって百歩リードした〝選ばれし民〟**！　胸を張ってください。〝寄り添うＦＰ山口〟が、貴女を薔薇色老後の入り口まで、しっかりアテンドさせていただきます。

※1　生命保険文化センター「生活保障に関する調査」／令和4年度

「健康寿命」とかけて「60歳はお金と人生の見直しのラストチャンス」と解く。その心は？

はい、その心は**「〝健康余命〟は、あと15年しかないからっ！」**。

ご存じのように、日本人女性の平均寿命はじわじわ延びています。しかし、永い眠りにつくその瞬間まで、元気ハツラツ、やりたいことが何でもできるコンディションかどうかは「神のみぞ知る」です。

では、神ではなく統計に答えを求めてみましょう。次ページの図をご覧ください。健やかに過ごせる平均年齢**「健康寿命」は、75・38歳**。つまり、60歳から健康寿命までの「健康余命」（山口が命名）は、平均で15年ほど。たった15年……待ったなしです。**今すぐ、自分はこれから何をしたいか、そのためにいくらお金がかかるか等々、薔薇色老後計画を練りましょう！**

老後は長くても「健康余命」は約15年しかない

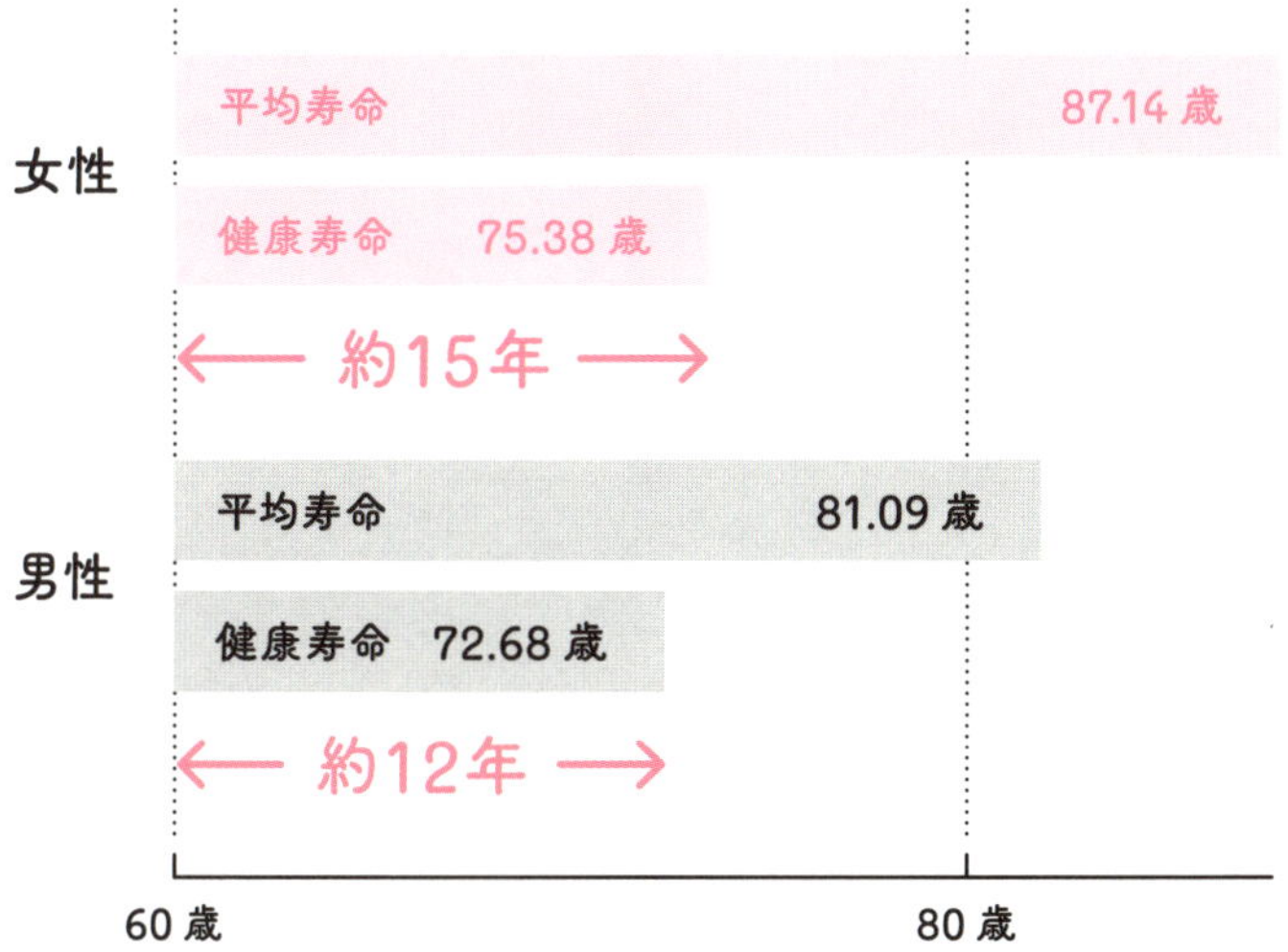

厚生労働省　令和5年簡易生命表
厚生労働省「第16回健康日本21（第二次）推進専門委員会資料」（令和3年12月）を加工して作成。

「老後にやりたいこともお金がなきゃできない（涙）」。大丈夫！　60歳スタートでも「お金持ち」になれます！

マネーリテラシー低めな〝お金迷子さん〟は、いつも「お金と縁がない」と、悲しげな表情で遠くを見つめます。その瞳に映っているのは、薔薇園ではなく殺伐とした荒野……。その原因は、お金常識が昭和でストップしているうえ、ひどい「お金コンプレックス」になっているからかもしれません。

昭和の金融常識＝令和の金融非常識。お金を愛し、お金から愛される人になろう

昭和生まれのアラフィフ〜アラカン女性の、さらに親世代は、「節約」「銀行の定期預金」「タンスにへそくり」を、蓄財の三種の神器としたものです。

そして「清貧こそ美徳」「借金なんてとんでもない！」「株は博打」。そんな金融教育を受けた読者の皆さまへ。令和のお金新常識をピックアップします。

●お金は「夢に使うために貯める・増やす」。

●へそくりは、「あと」ではなく「さき」に行うべし。

●可愛いお金には「旅をさせろ」。タンス貯金は死蔵しがち。

●よい借金と悪い借金を見極め、「よい借金」なら迷わずGO！

●収入格差よりも「投資格差」に敏感であれ！

実はこれ、「お金愛」があふれる人……お金を大事に思い、大事に使うことができる人の行動様式。当然、お金にコンプレックスをもつことはなく、老後資金の不安もありません。それがお金持ちマインドなのです。**貴女も、昭和風なお金との付き合い方をやめて、令和式お金持ち**になりましょう！

CASE STUDY 1

32年フルタイム勤務。給料は全部、家族のために。自分のために貯金しないと貧困老人へ一直線!?

22歳で会社員となり、30歳で結婚。それからずっと、生活費、子どもの保育園代に教育費、住宅費などを夫と折半。近ごろやっと、学費や住宅ローンのゴールが見えてきました。でも貯金は自転車操業だったのでゼロ。夫婦でゆったり温泉旅行に出かけたいけれど、今度は頑張って貯金すべき? 贅沢すると、老後、貧乏になりそうで心配です。（ヤスコさん　54歳　会社員）

A 貴女の〝健康寿命〟は、平均的にみてあと21年。貯金も大事だけど「やりたいこと」優先で!

会社員人生32年のヤスコさん。長い間、大変でしたね、お疲れさまです。

だから、もういいんです。今度はご自分のために、稼いだお金を使ったり、貯めたり、増やしたりしましょう！　そういう時が、やっと訪れたんです！

月々のお給料を、「使うお金」「貯めるお金」「増やすお金」に分けて、貯める分は、銀行の積立定期預金へ。増やす分はつみたて投資へ。使う分は遠慮なく使えるうえ、積立定期預金とつみたて投資は自動的にへそくりに。老後資金はほったらかしでも、プールできていますからご安心を。

また、「貯めるお金」を目的別に分けるのもおススメです。夫婦の温泉旅行用の積立定期預金が「夢貯金」に。ご主人と5000円ずつ貯めていけば、二人で年間12万円。ちょっとリッチな温泉宿に泊まれますね！

RECOMMEND

お金を3つに分ける＆夢貯金

老後資金は確実に貯めつつ、自分の「夢」にもお金を投入！

使う・貯める口座はp.68へ

CASE STUDY 2

「薔薇色の老後」と言われても……。これまで家族のために働くだけの人生だったから……

病弱な両親のもと、貧困家庭に育った私は、バイトができる年齢から家にお金を入れてきました。以来、両親の介護をしながら契約社員歴25年。昨年、相次いで二親を看取ったけれど、私はこれから何をしたら？　これまでお給料はすべて、生活費や親の医療費に消え、貯金なんて一銭もありません。こんな私に、薔薇色の老後なんて……。（リコさん　51歳　契約社員）

A 貴女を幸せにできるのは「貴女自身」。100個の夢のツボミを花開かせよう！

長い間、親孝行を重ねてきたリコさん。よく頑張ってこられました。ご両親はお幸せでしたね。これからは、貴女自身を幸せにしましょう！

「薔薇色の老後」に現実味がないのなら、「近い目標」と「遠い目標」、合わせて１００個を考えて「夢ノート」に記してみて。「近い目標」は「使わなくなったお皿を処分」なんていう、すぐにでも実行可能なものを。「遠い目標」は「憧れの沖縄に１カ月長期滞在する」など、将来の夢を。毎日、実行したいものをピックアップし、できたら「✓」。日々に張りが生まれますよ！

そして、目標達成のために積立定期預金を始めましょう。お金は人生のガソリン。夢を後押ししてくれる原資でもあり、決して枯渇させてはいけません。積み立て額は、お給料の10～40％を目安にしてくださいね。

RECOMMEND

夢ノート&積立定期預金

お金を確実にキープしつつ、夢を叶えていく喜びを体験！

薔薇色老後へ

前進中

59歳、大人になって初の習い事満喫中

「山口先生、私、習い事を始めました～」。おお、拍手喝采！　4000円のヨーグルトメーカーを夜中にポチッてしまってクヨクヨしていた、自称「貯金できない病」さんが、薔薇色老後へ一歩踏み出しました。

彼女のターニングポイントは、貯金が200万円貯まったこと。それまでは、住宅ローンに家の修繕費、子どもの学費と、大波のたび崩れる砂の城だった彼女の貯金。しかし、子どもたちが独立、住宅ローンのゴールも見えた60代直前に貯金額が目標に達したのです。

彼女は私に聞きました。「先生、自分のためにお金を使っても、バチ当たりませんか？」「当たるもんかーい！そんな神様はおらん！」。そして彼女は念願だったボイストレーニングと加圧ジム、さらに孫息子とともに陶芸教室へと、頬を染めていそいそと……♡

家計の土台（貯金）がしっかりできれば、
薔薇色はすぐそこ！

第2章

老後といえば年金&2000万円問題。その「実のところ」をお話ししましょう

「年金安い！」「年金当てにならない！」etc.
いいえ、年金は長寿社会での最強パートナー！

ブーイング覚悟で断言します。「年金（老齢年金）」はありがたい制度です。まずは基本の「き」からお話ししましょう。

●年金とは、世代間の支え合い制度。

現役世代が納めた保険料を、高齢者の年金として支給しています。つまり

●貴女が納めた年金保険料を、貴女が年老いたときもらえるわけではない。

貴女がもらう年金は、その時代の働く人々が納めた保険料なんです。

なお、気になる年金の受給額ですが、**2024度の国民年金（老齢基礎年**

金）は、満額でひと月6万8０００円※1。「激安っ！」と思われるでしょうが、たとえば貴女が20～60歳まで、月1万6９８０円（２０２４年度）の国民年金保険料を納めたとすると、その総額は８１５万４００円。**65歳から年金を受け取ると、75歳と1カ月目には貴女が支払った保険料を超えます**。

また、人生１００年を想定して**65歳から35年間、年金をもらうならなんと、総額２８５６万円**。**しかも生きている限り給付される、いわば「減らないお財布」**なのです。厚生年金は、現役時代に納めた保険料に応じて、さらに加算されます。

というわけで、国が20～60歳の年金加入を義務化しているおかげで、貴女の老後資金はすでに確保されています。その金額に文句を言っても一銭の得もありません。ありがたくもらい、老後資金を計算しましょう！

※1 ここから受給額に応じて、介護保険料や国民健康保険料、住民税などが引かれます。

「公的年金」を受ける被保険者は3種。ちょっとややこしいけど老後のためにお勉強を

さて、先に「年金はありがたい制度なんです」というお話をしたので、きっといろんな方の年金アンテナが立ったことと思います。そこですかさず、公的年金の種類、保険料の納付や受給の決まりごとを説明しましょう。

最初に、**日本の年金は2階建て構造**で、国民年金（基礎老齢年金）は共通です。**第2号被保険者の保険料は労使折半**、つまり半額は会社が出します。

また、**会社員や公務員の配偶者に扶養されている専業主婦（夫）は、保険料を納付する必要はなく、国民年金がもらえます**。ただし**自営業者の配偶者に養われている専業主婦（夫）は、国民年金保険料を支払う義務があります**。

ややこしいですね。まず「自分はどこに属す人か」を確認してください。

公的年金は２階建て。貴女は何号被保険者？

	第1号	第2号	第3号
2階部分（上乗せ年金）		厚生年金 企業と自分で保険料を折半	
1階部分（基礎年金）	国民年金 自分で保険料を支払う	国民年金 企業と自分で保険料を折半	国民年金 保険料の支払いは無し

＜第１号被保険者＞
●自営業　●農業
●漁業　●学生
●フリーターや無職
●第１号被保険者の配偶者（専業主婦／夫など）

＜第２号被保険者＞
●会社員
●公務員
●私立学校の教職員

＜第３号被保険者＞
●公務員や会社員など、第２号被保険者の配偶者に扶養されている専業主婦（夫）

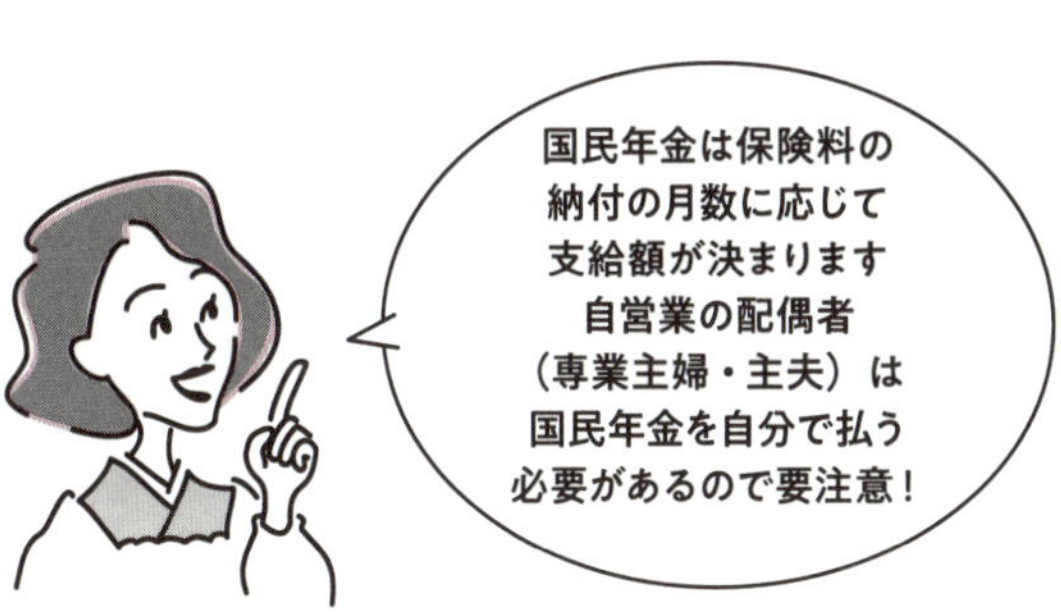
国民年金は保険料の納付の月数に応じて支給額が決まります
自営業の配偶者（専業主婦・主夫）は国民年金を自分で払う必要があるので要注意！

さあ、貴女の年金額をチェック。ちなみにわが家は自営業カップル＝公的年金額は最安値！

さて。いよいよこれまで見て見ぬふりをしてきた「老後にかかるお金問題」に踏み込んでいきましょう。最初に、貴女を死ぬまで支えてくれる公的な年金額を確認します。確認方法は２つ。

●ねんきんネット

ウエブで「ねんきんネット」を検索。国民年金、厚生年金保険の最新の年金記録、これまでの加入状況、年金見込み額（すでに受給中の方は現在受け取っている年金額）がわかります。

●ねんきん定期便

毎年、誕生日月に郵送される、年金記録を記載した書類です。

蛇足ながら、私と夫は2人ともフリーランス。保険料を払っていない時期もあり、年金は満額もらえません。さらに、介護保険料なども引かれるので、受給は2人でせいぜい10万円くらいでしょう。

そもそも**国民年金（老齢基礎年金）は八百屋さん、農家さん、雑貨屋さんなど自営業者対象で「一生働くのが前提」。だから、年金の上乗せは、自分たちで用意しないといけないのです**……。

おっと、いけない。本筋に戻しましょう。

公的な年金のほか、私的年金もこの際、洗い出しましょう。以下の支給額もチェックしてくださいね。詳しくは次ページで。

●国民年金基金　●iDeCo　●企業年金　●個人年金保険　など

「私的年金」は老後資金計画に大いに関係あり。加入状況や給付金額を確認

老後の年金には、32ページで説明した国が行う「公的年金」に加え、公的年金に上乗せするための以下のような「私的年金」もあります。

●会社で加入…DB（確定給付企業年金）★　DC（企業型確定拠出年金）◆

●自営業者やフリーランス専用…国民年金基金★

●誰でも入れる…iDeCo（個人型確定拠出年金）◆　個人年金保険

なお、私的年金は2種に大別されます。「確定給付型」（★印）は事前にもらえるお金が決まっているもの。「確定拠出型」（◆印）は、掛け金だけ決まっていて、もらえるお金は運用次第で決まります。

私的年金はいろいろ 加入している人は確認してみよう

	加入対象となる私的年金	保険料を支払うのは	内容	加入状況や給付金額の確認方法
厚生年金	確定給付企業年金（DB）	企業	会社から給付される「年金」が確定している。会社が掛け金を拠出し、運用、管理を行う。	●会社の人事・総務担当者へ確認 ●退職金規定を確認
厚生年金	企業型確定拠出年金（DC）	企業	会社が拠出する「掛金」が確定している。従業員が運用を行い、従業員が所定の年齢になったら給付を受けられる企業型年金制度。	●会社の人事・総務担当者へ確認 ●企業が契約中の運営管理機関（金融機関）の専用サイトで確認
国民年金	国民年金基金	個人	自営業者やフリーランスが、自ら掛け金を積み立て（拠出）。国民年金（老齢基礎年金）に上乗せできる個人型年金制度。	●お客様相談センターへ電話
国民年金&厚生年金	個人型確定拠出年金（iDeCo）	個人	公的年金の種類にかかわらず、個人が自ら掛け金を拠出&運用。60歳以降に受け取れる個人型年金制度。	●iDeCoを運用中の金融機関から年1回送られる「お知らせ」を確認 ●iDeCoを運用中の金融機関のホームページのマイページで確認
国民年金&厚生年金	個人年金保険	個人	保険会社の商品。条件を満たすと生命保険控除の対象に。	●契約内容のお知らせ、保険会社のホームページで確認

いよいよ貴女の「薔薇色の老後に必要なお金」の話。具体的に計算してみましょう！

ここからは家計がテーマ。老後資金には

1．月々の支出……光熱費や食費などの生活費、医療費、交際費など
2．大きな支出……家の修繕リフォーム、車購入、大型家電購入など

がありますが、もうひとつ！

3．老後、叶えたい夢のためのお金＝夢資金

を忘れずに計上しましょう。そうしないと、生きていくだけで精いっぱい、カツカツの暮らしでは、ちっとも薔薇色の老後になりません。

さらなるポイントは**「老後の生活費は、現時点でかかっているお金」**にすること。老いると食が細くなって食費が減ると思うかもしれませんが、お得なスーパーに買い物に行くのが大変で、割高な宅配のお弁当サービスを利用するかもしれません。年を取っても美容院に行く回数は劇的には減らないし、消耗品である下着も買い替えが必要ですよね。

3の「夢資金」は、たとえば英会話の習得のための受講代、海外旅行に年1回行くための夢貯金、憧れの自宅ショップの開店費用積み立てなど。充実した薔薇色の老後に叶えたい「夢」の対価をピックアップしましょう。

20ページでお話ししたように、**〝健康寿命〟までの時間を無駄にはできません**。「現在の預金額」や「将来の年金受給額」はいったん脇へ。夢資金もしっかり加えて、ひと月に必要なお金を割り出してみましょう！

老後にはいくらかかるの？　いくら足りないの？一目瞭然「ロトの図」で徹底解説

２０１９年、日本中に激震が走った「老後２０００万円問題」。老後の毎月の赤字は、トータルで２０００万円にのぼるとのニュースに、私を含むＦＰたちは「え？　なんでそんなに驚いているの？」と思ったものです。

種明かししましょう。こちらの意味するところは、**（平均的生活費−平均的年金）×30年分を計算すると、平均毎月約５・５万円赤字、30年で２０００万円赤字**になるってお話なんです。だからといって、**「今、２０００万円も預金がない！」と慌てる必要はありません**。

では本題。簡単に老後のお金がわかる「ロトの図」（山口命名）で解説します。計算しやすいよう、「万」単位にしてあります。

ロトの図の書き方

シングルの方が、70歳まで働き、
そこから年金を月14万円を受け取りながら、
100歳まで生きるとシミュレーションしてみましょう。

1. 横長の四角（ロ）を描き、下左角を「60歳」、下右角を「100歳」とする。
2. 上左角には、ひと月の生活費を書く。
3. 下辺に、「仕事を終える予定の年齢」を書く。

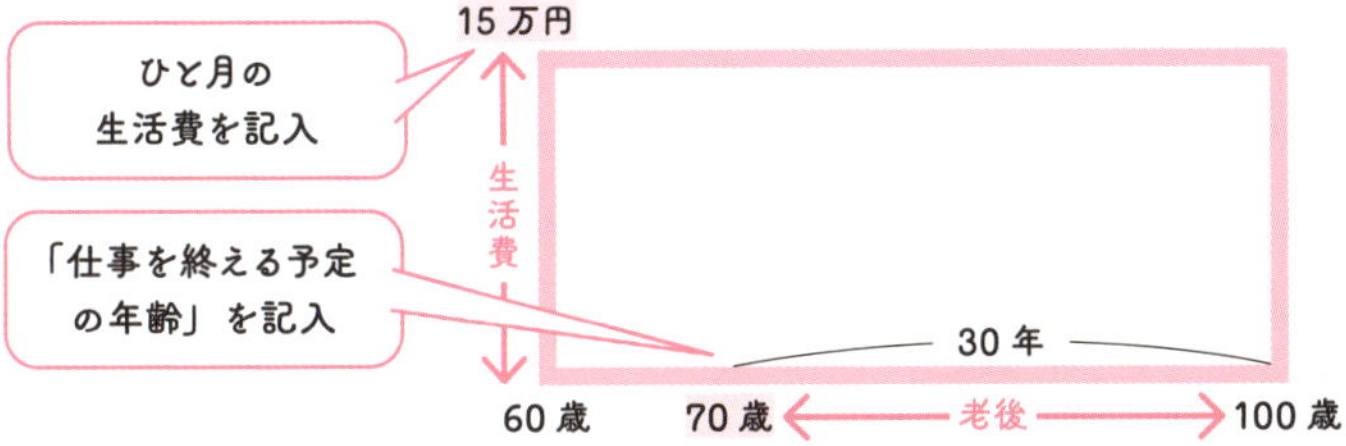

4.
「仕事を終える予定の年齢」の上に縦線を引き、もらえる年金の金額を横線で記す。（これが「ト」）。
※「生活費15万円」−「年金14万円」＝差額1万円。

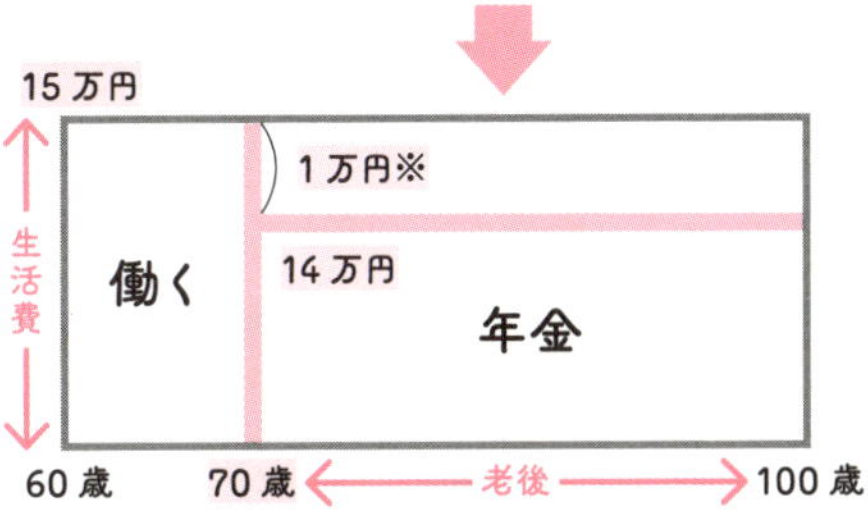

5.
老後、年金だけで足りない「+α」（総額）は

年金+α=1万円×12か月×30年=360万

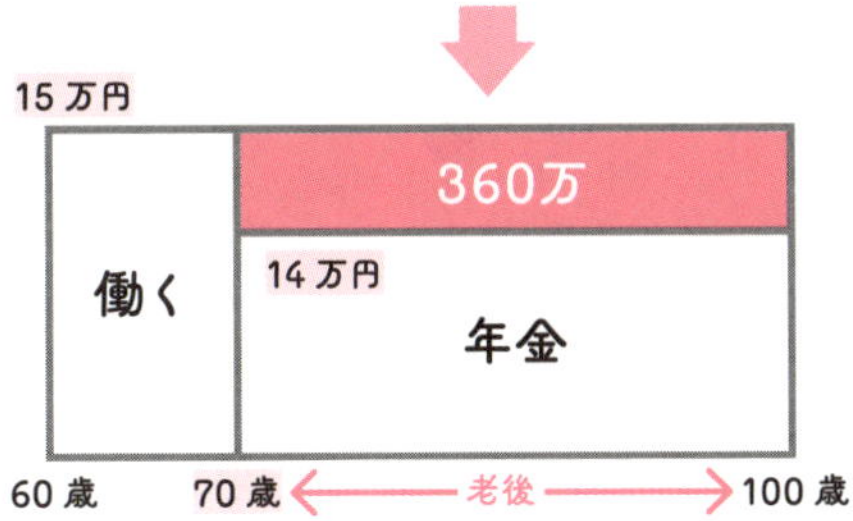

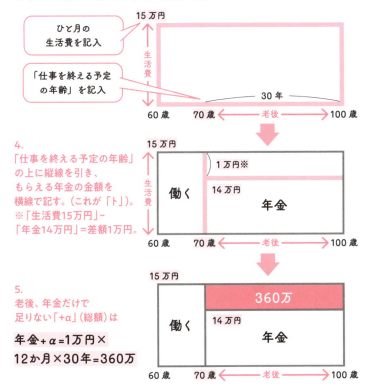

夫婦で老後を過ごす場合。夫が亡くなったのち女性には「第2ステージ」も！

年金だけでは足りない、ロトの図のピンクの部分は、退職金でカバーできる人も多いでしょう。さらにミセスの皆さまに知っていただきたいことが。平均寿命は女性が6歳も長いことを考えると、夫が先に旅立つやもしれません。**夫が厚生年金の場合、残された妻には遺族年金が支給**されます。生活費は減り、人によっては遺族年金で生活費を賄える可能性も大です。

しかし**国民年金カップルは、18歳未満の子がいない妻は遺族年金を受け取れません。夫が亡くなると、年金は半減します**。現役時代にお金を増やし、長く働くことが薔薇色への道になるのです。

厚生年金（遺族年金あり）・国民年金（遺族年金なし）の違い

同じ生活費、同じ年で夫を亡くし、同じ年齢まで生きるとすると
不足額は５倍の差になる

※95歳で夫が亡くなったことで、生活費が８万円減った場合。

●厚生年金⇒遺族年金のパターン

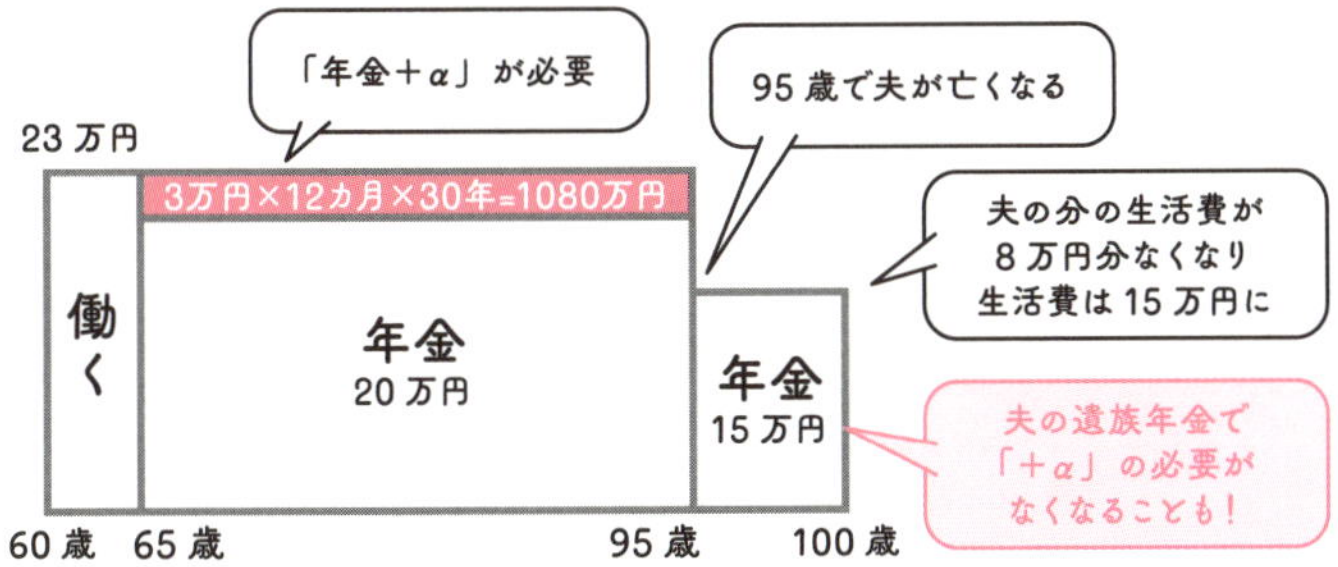

●国民年金⇒遺族年金なしのパターン

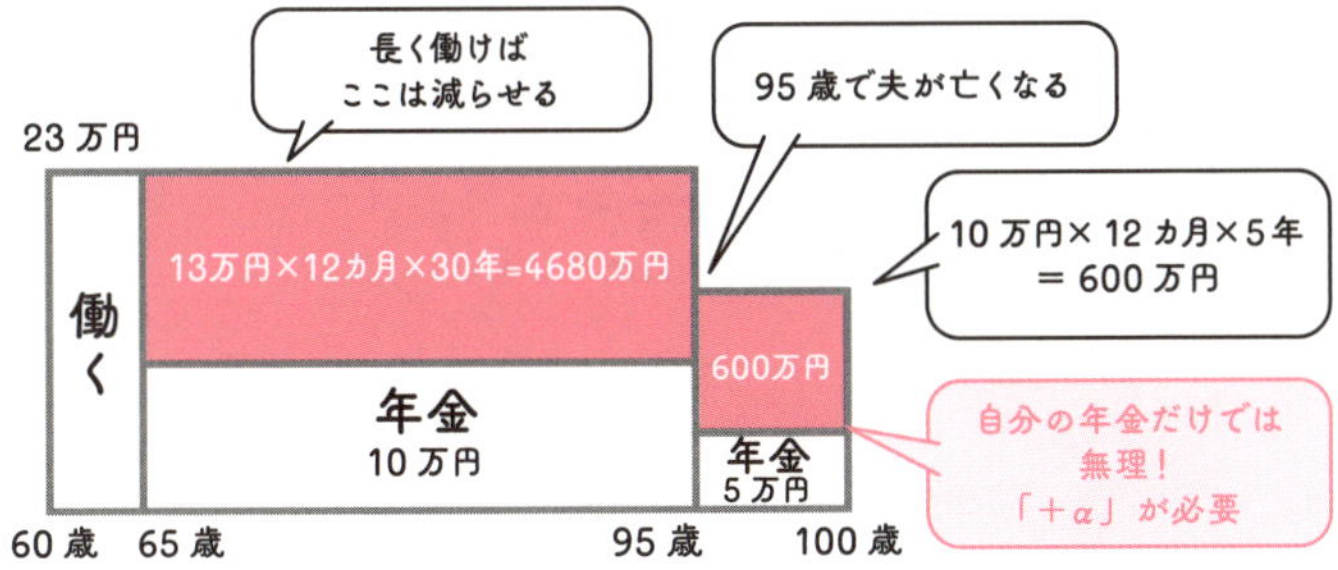

同じシングルさんでも男性と女性では差が！

同じ条件でも男女の平均寿命が6年違うので
「＋α」分が1.5倍近く必要に！

●シングル男性の平均寿命までの「＋α」

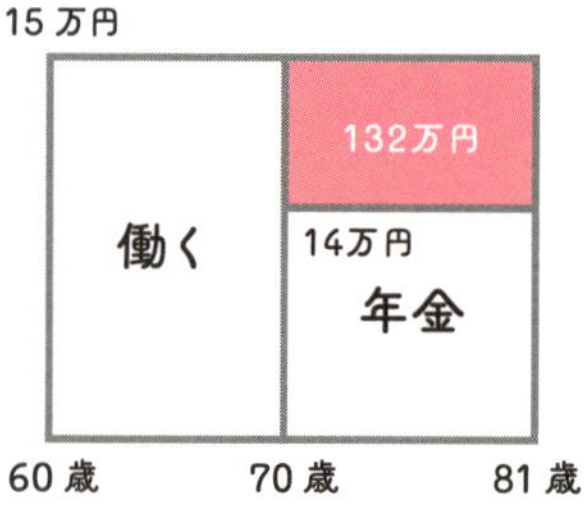
15万円
132万円
働く
14万円
年金
60歳
70歳
81歳

●シングル女性の平均寿命までの「＋α」

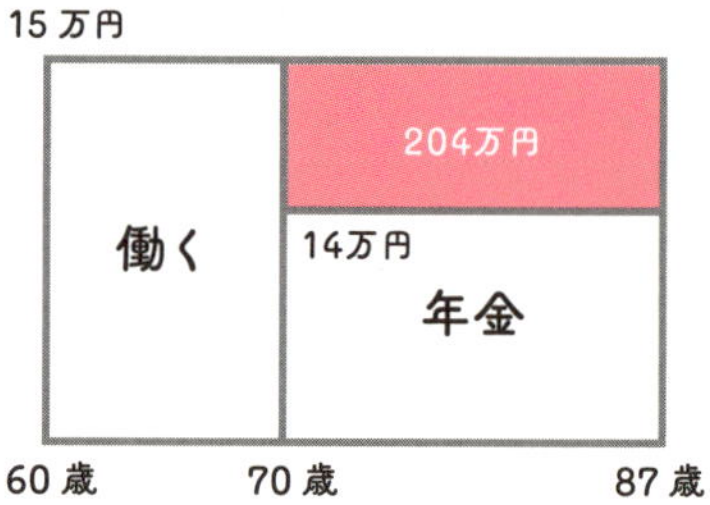
15万円
204万円
働く
14万円
年金
60歳
70歳
87歳

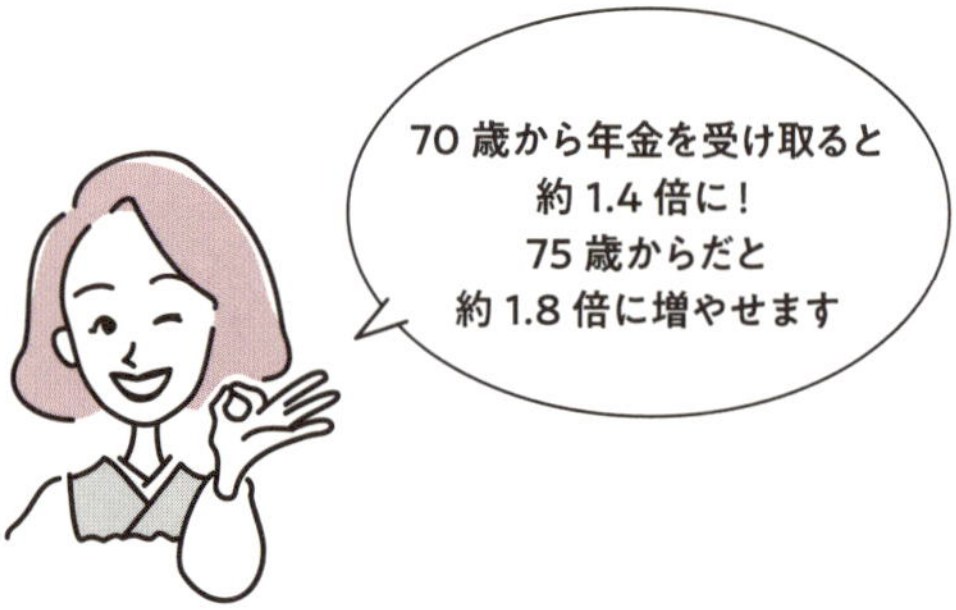
70歳から年金を受け取ると約1.4倍に！75歳からだと約1.8倍に増やせます

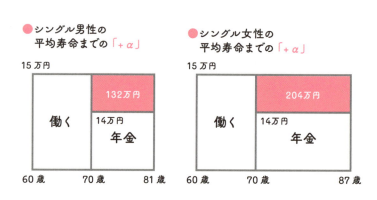

(さあ貴女のパターンを書いてみましょう！)

必要な「+α」がわかれば、そのためにどうすべきかも見えてきます。

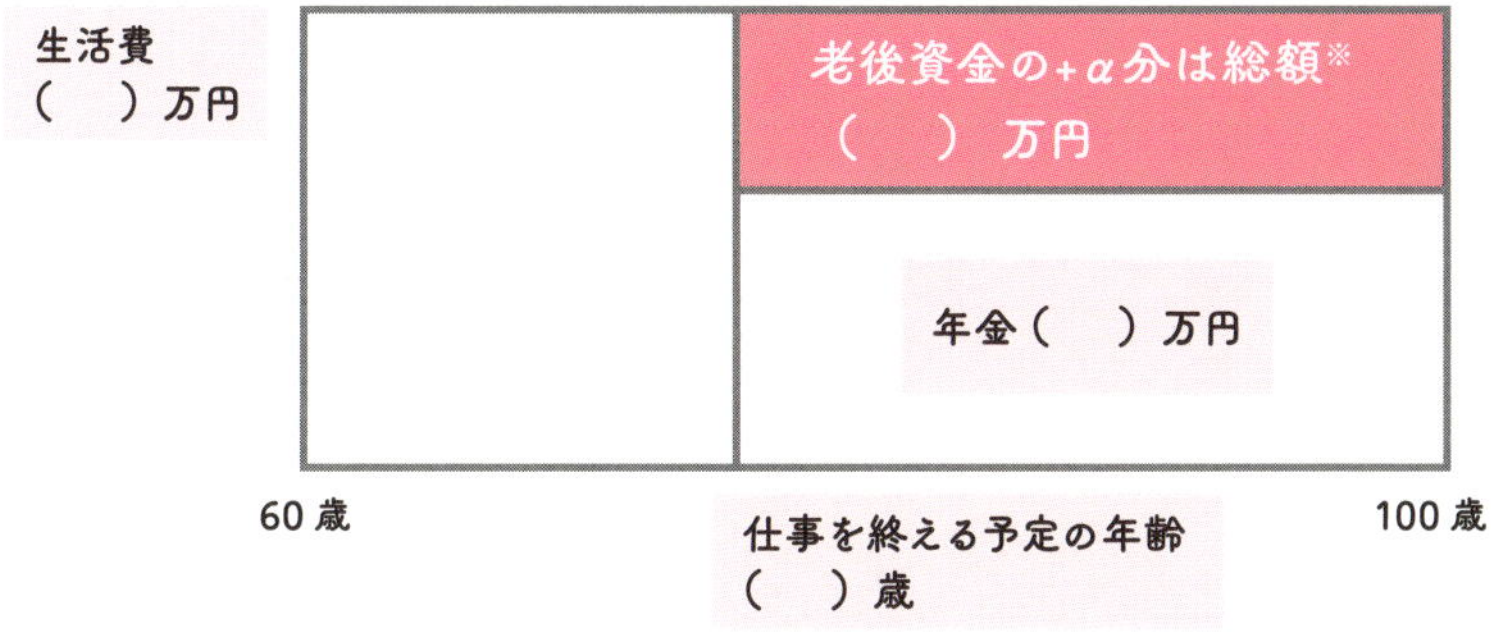
生活費
(　　)万円
老後資金の+α分は総額※
(　　)万円
年金(　　)万円
60歳
仕事を終える予定の年齢
(　　)歳
100歳

※月(　　)万円×12カ月×(　　)年

●「長く働いたら？」「生活費をもっと増やしたら？」など
さまざまなパターンを書いてみましょう。

円
60歳
100歳

老後には年金＋αの生活費と貯金も必要。でもそれは令和の年金世代の「普通」です

さあ、貴女の老後にかかるお金が具体的見えてきましたね。きっと多くの方が、「年金＋α」の老後資金を融通することになるでしょう。

厚生労働省の「２０２２年 国民生活基礎調査の概況」を見ると、**年金だけで暮らす世帯の割合は44%。65歳以上の年金世代の大半が、年金＋αで生活を営んでいます**。

老後の夢によっては、この「＋α」がそれなりに必要です。「＋α」を得る方法はといえば、ご自身のライフスタイルや健康状態、家族の在り方など、正解はありません。例えば

・今ある貯金を切り崩す

- **これから満期になる定期預金や保険で補填**
- **定年後も契約社員として働く**
- **NISAで20年つみたて投資、それまではパート勤務**

など。貴女が薔薇色に暮らせる方法であれば、それがベストな方法です。

なお、ここまでご紹介したロトの図には、38ページで紹介した、**「大きな支出」**が入っていません。こちらのお金も、ぜひ老後に仕込んでください。第4章で詳しく説明しますが、**老後も貯金は必要です**。

予定されている支出ならば、計画的に貯蓄ができます。貯金のノウハウは第4章に、もっと増やしたい方へのテクニックは第5章以降にご紹介しています。ぜひ資産運用に励みましょう！　大丈夫、難しくありませんよ。それに、残ったお金は心置きなく「薔薇色計画」に使えますからねっ！

CASE STUDY 3

国民の義務だっていうから払ってきたけどさ。ぶっちゃけ年金ってもらえるの？

国民年金保険料……私が若いころは、確かひと月８０００円。だけど今や倍以上！　だいたい、こんなに出生率が下がっているのに、私たちほんとうに年金もらえるんでしょうか？（マミさん　58歳　自営業）

A 日本という国があるかぎり、年金はもらえます。「じゃあいくら？」は、いつでもシミュレーションできますよ

私と同じ自営業者のマミさん。この30数年で、国民年金保険料は上がりましたよね、まったくもって同感です。年金保険料は上がれども、自営業者のギャラは上がらず……（涙）。話を戻します。巷にはびこる「年金もらえない

都市伝説」を信じないでください。現役世代が少なくなることを見越して、国庫（国のお金）が国民年金の半分を負担。年金積立金管理運用独立行政法人（ＧＰＩＦ《ジーピーアイエフ》）では、向こう１００年の年金支給に支障のないように年金保険料を運用中です。２００１年度から国庫から出たお金は、18兆３９９７億円にのぼるそう。ちなみにＧＰＩＦの投資術は、安全・堅実な投資のお手本。ぜひＨＰをチェック！　日本という国がなくならないかぎり、年金は支払われます。とりあえず「公的年金シミュレーター」でネット検索して、貴女の年金のリアルを体感してみて。必要項目&今後の働き方を入力すると、年金の概算、そこから引かれる税金、健康保険、介護保険の金額が出てきますよ。

RECOMMEND

公的年金シミュレーター

年金試算ツールで、将来の年金受給額を試算してみよう。

CASE STUDY 4

老後資金用に貯金は3000万円キープ。備えは充分なのに、怖くてお金が使えない！

本当に年金がもらえるのか、ずっと心配で。「老後資金に3000万円貯める！」と決めて頑張り、昨年やっと目標額に。今は貯金しなくてもいいのですが、お金を使うことが怖いんです。（マユさん　46歳　自営業）

A

〝お金使えない症候群〟ですね。でもお金は循環させることも大切

マユさん、貯金額が目標額達成おめでとうございます！　そしてご安心を。この章で解説したとおり、老後にはちゃんと年金がもらえますよ。マユさんとそっくりな方は、けっこういらっしゃいます。ある方は子どもの記念写真も、「写真館で撮影せず、スマホで自分が撮ればいい。浮いた分は、貯金に回したいから」……ずばり〝お金使えない症候群〟なのです。

でも、写真館は素敵なセット、プロのカメラマン、美しい祝い着や着付けもフル装備。ご両親だって「孫の記念日に素晴らしい写真を撮ってもらってありがたいなあ」ときっと思います。その対価が写真代です。

もし世の中の人が彼と同じなら、写真館だけでなく、レストランやカフェもつぶれることに。お金は人に「ありがとう」と言われながら循環し、産業を動かしています。マユさんも、「ありがとう」と心から言えるモノ・サービスに対し、お金を使えるといいですね。

RECOMMEND

お金は「ありがとう！」の対価

お金は貯めることも大事、使うことも大事です。

薔薇色老後
待機中

60歳、iDeCoのご利益を実感するはず！

私と夫は、どちらもバリバリの自営業者です。私はＦＰの学校で「国民年金は２人で10万円もらえるかどうか」と教わり、メガトン級の衝撃を受けました。だから、フリーランスの方にはおすすめしています。

「貴女、国民年金でしょ？　iDeCoやってまじで！」

なぜなら、いくら貯金をしても経費のように所得から引けませんが、iDeCoの掛金は全額所得控除の対象で節税になるんです！　さらに、投資信託で運用できるので、老後のお金を非課税で増やせます。

ただ、60歳までおろせません。カギのかかった金庫に入れるのと同じです。

わが家のiDeCoは、17年で3500万円を超えました。そろそろ受け取り時です。あのとき、おすすめした人たちもきっと……♡

国民年金組の無敵のヒーロー、
それがiDeCo！

第3章

「お金の不安」と縁を切り、薔薇色老後を実践するには「ゆるゆると働く」

老後資金「＋α」の方法その1「ゆるゆると働く」。お金だけではなく生きがいや夢もゲットしましょ

突然ですが、私の父は92歳、母は91歳。年金をいただきながら、ガソリンスタンドで元気に働いております。ロトの図のピンクの部分がいらない人たちです。

「90代でまだ働くなんて気の毒に……」と、同情されるかもしれません。でも、昔馴染みのお客様はいるし、体が動くのがありがたいと、炎天下の夏も、雪降る冬の日も、ガソリンを入れております。**「生涯現役」が両親の夢であり、大いなる生きがい**なのです。

多くの方は、老後の生活に年金＋αの収入が必要です。私はその**「＋α」の方法として、まず「働く」ことをおススメします！**

老後資金の＋α分は、厚生年金の方なら月に数万円の方がほとんどでしょう。低収入でよいのなら、仕事の選択肢が広がります。その中から、ぜひ「老後の生きがいや夢」につながるジャンルを選びましょう。

想像してみてください。同じ働くのでも、「子ども大好き！　学童保育指導員をやってみたかった♡」と、「今さらこの年で、元気いっぱいの小学生の相手は辛い（ため息）」とでは雲泥の差。**〝健康余命〟（20ページ）を考えると、気が進まない労働に時間と心身をささげるのはもったいない！**

さらに、低収入でよい⇒ゆるゆると⇒できるだけ長く働くという手もあります。仕事を通じて、夢や生きがいを求めるもよし。割り切ってサクッと働き、自分のための時間をがっつり満喫するもよし。貴女のお好みのスタイルを選べばよいのです。

60代からは「夢軸」で好きな仕事をすれば長期間働ける。無収入リスクも減らせます

私の友人に、「職業・旅人」という50代女性がいます。彼女の仕事は、一人旅の方に同行することです。彼女の旅行代は、依頼者が負担。依頼者がトイレの間に荷物番をしたり、一緒に食事をしたり。普段は、自分のブランドの木工細工を通販や、デパートなどで販売しているんです。

はたまた、若いころ書道の師範免許を取ったけれど、お役所勤めをしていた女性は、定年退職後に念願の書道教室をオープン。「毎日、筆を持てるうえ、生徒さんがどんどん上手になるのを見られるなんて、ほんと幸せ！」

彼女らに共通しているのは、**「収入を得つつ、ニコニコ・イキイキ！」**です。

そして、皆「体が動くかぎり、続けていきたい」と言います。ＦＰ目線から

素晴らしいと思うのは、**好きな仕事だからずっと働きたい＝将来的に年金以外の収入見込みがある＝老後のリスクを一つクリア**、という点。

長期で働くことを目標とするなら、「無理せず働ける」ことも大切です。

今や、60代70代のシニア派遣も当たり前。土日だけ、平日朝だけ、確定申告の時期だけといった無理なく働ける仕事がいろいろあります。

さらに、FPとして声を大にして言いたいのは、**「扶養枠や社会保険料は気にせず、できるかぎり働くほうがいい！」**。専業主婦が優遇される時代は、終わろうとしています。

制度が変わり、パートでも厚生年金に加入の流れです。手取り額という目先のお金で働き方をセーブしてしまうと、後々「あのときフルで働いていれば、少しは余裕があったのに」と後悔するかもしれません。

「月収と厚生年金」がひと月50万円未満なら、お勤めを続けても年金の調整はなし

まず、大前提をお話しします。働きながら年金をもらうとき、自営業も会社勤めも関係なく、**年金保険料を支払ってきた方全員に、「老齢基礎年金」は給付**されます。

しかし、パートやアルバイトを含め、会社員の**「厚生年金」は、月収（給料＋ボーナス÷12カ月）と厚生年金を足した金額が50万円**[※1]**を超える場合、年金が減らされます**。これを「在職老齢年金制度」といいます。

とてもややこしいので、左の図の例をご参照ください。ともあれ、**「月に数万円、できれば10万円くらいの収入があれば充分」な方は気にしなくても大丈夫**ですので、ご安心を。

※1　令和6年度支給停止調整額

働きながら年金をもらうとき　年金を調整されないケース

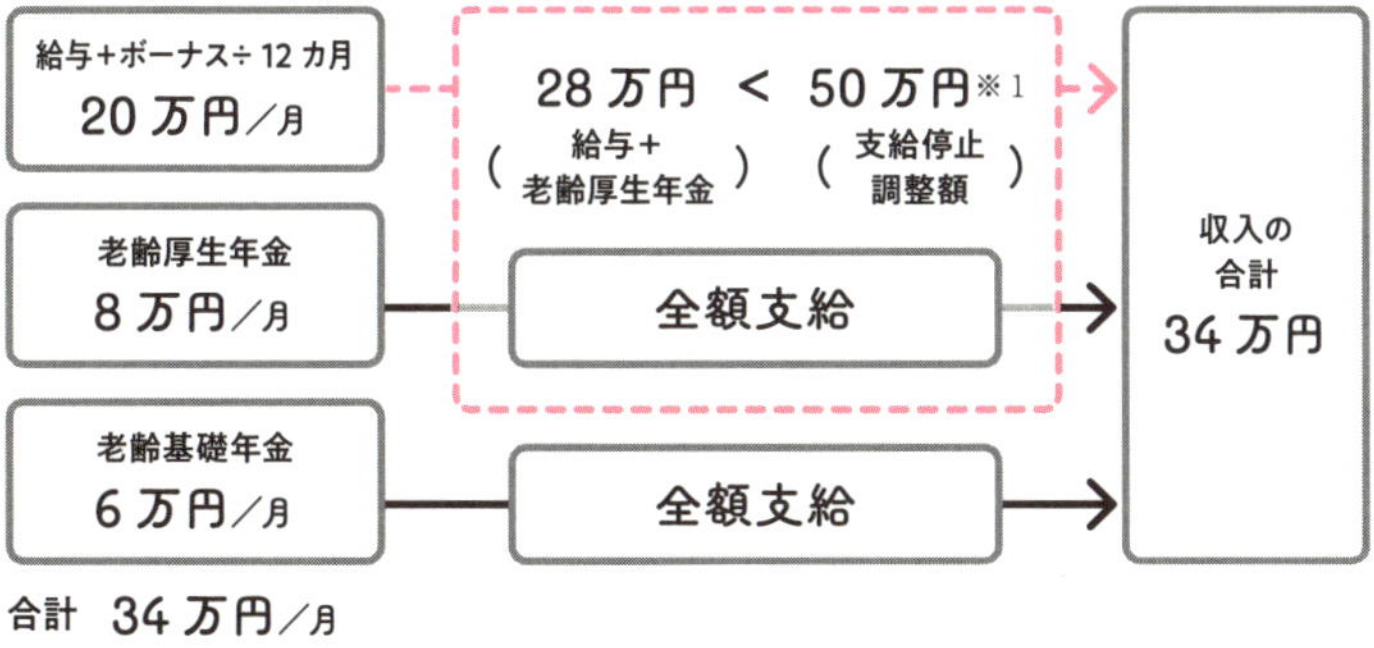

働きながら年金をもらうとき　年金を調整されるケース

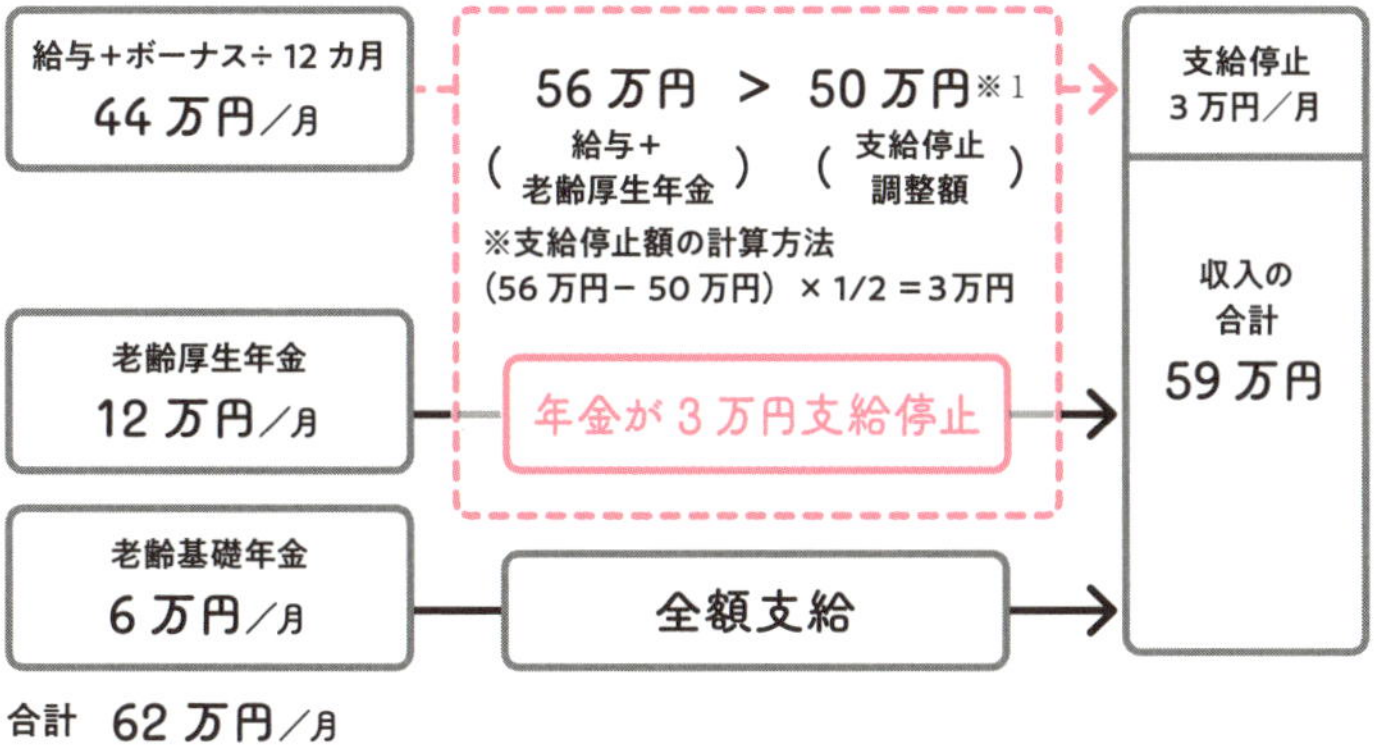

CASE STUDY 5

丸の内OL歴28年、正直に告白します。「もうこれ以上働きたくないっ!」

子供の教育費のため、親の介護費用のため、家のローン返済のため……疲れた体を満員電車に押し込んで、約2時間丸の内まで勤めに通ってきました。定年の60歳までまだ10年ありますが、絶叫してもいいですか。「もうイヤ!働きたくないっ!!」(ミチルさん　50歳　会社員)

A 長年の間にたまった疲労を解消するのが先決!早期退職制度があれば、利用価値アリ。

ミチルさん、フルタイムのお勤め、本当に大変でしたね。お子さんも親御様も、きっとミチルさんに深く感謝なさっています!

それにつけても、相当疲れがたまっているご様子……私はそれが心配です。睡眠時間は足りていますか？　寝不足が続いている方、夜更かしの方は、お金の問題を解決しづらい傾向が見られます（FP歴24年の山口調べ）。お仕事が大変だとは思いますが、ぜひ睡眠時間を確保してくださいね。

ところで、ミチルさんの会社には、早期退職の優遇制度はありますか？　私の知り合いは、「早期退職したら、退職金2000万円ももらえたの。これから鍼灸の資格を取って働くわ」と、自らの〝夢軸〟にシフト。人事課に、「今すぐ退職したら、いかほどいただけますか？」と、ご相談なさってはどうでしょう？　薔薇色の50代が待ち受けているかもしれませんよ。

RECOMMEND

睡眠時間確保＆早期退職制度＋夢軸

心身の健康が一番！＆早期退職でひと足早めに薔薇色生活を。

CASE STUDY 6

学歴・資格・職歴は皆無で、趣味は手芸。こんな私でも働ける場所はあるんでしょうか？

勉強が苦手だったから大学には行かず、結婚後は専業主婦。履歴書に書けるような資格もないし、できることといったら家事と手芸くらい。でも夫が「定年後、年金生活になったら君も働いてほしい」と……。いまさら私がお金を稼ぐなんて、不可能ですよね。（アキさん　56歳　専業主婦）

A 家事のプロや、ハンドメイド作家デビューして収入を得る方法も。一歩踏み出せば、人生もお金も好発進するはず。

アキさんはずっと家事をなさってきたプロフェッショナルです。

今や、共働きの家庭は7割。疲労困憊《こんぱい》して家事もままならない人が、山ほどいます。洗濯物を畳むだけ、作り置きのおかずを作るだけで、どれほど喜ばれるか！　家事代行会社のサイトや、マッチングアプリを見てみてください。趣味の手芸だって、充分に収入につながる可能性があります！　ハンドメイド作品を販売するサイトで、作品を売ってみてはどうですか？

マニュアルに沿って写真をアップしたり、商品紹介文を書いてみたりなど、今まで経験しなかったことに、ぜひ挑戦してみてください。アキさんが動いた分、お金もアキさんとともに動きだすはずです。

RECOMMEND

家事代行やハンドメイド作品販売サービス

タスカジ、Crema（クリーマ）、minne（ミンネ）など。

薔薇色老後

準備中

62歳、介護離職でもお金の心配ゼロ

その方には、まったく悲壮感はなし。親の介護のため仕事を辞めて、地方の実家で暮らすことにしたシングルさん。「親が大往生したら、また仕事探すつもり」と、のんびりかまえていらっしゃいます。

余裕の秘密は、ドル建ての債券。アメリカは日本より金利が高く、債券なら毎年４％の利子が付き、これをまた再投資。同じく利益を生み出す投資をいくつもしていて、お金が働いてくれるというわけです。

また実家暮らしで家賃ゼロ、生活費はぐんと縮小。介護で忙しく、無駄遣いする暇がないことをプラスと受け止め、ひたすらお金を増やす日々です。「介護で離職、都落ちなんて思うかもしれないけれど、介護はいつか終わるもの。そのあと思う存分遊べるように、今は仕込み！」。それも素敵な薔薇色老後ですね♡

介護中こそ薔薇色老後の仕込みを！

第4章
薔薇色ライフを実現させるために大事なお金を使い・育てる

まさか老後資金を、「節約」で貯めようと?「もったいない」「まだ使える」ではお金は増えません

すでに潤沢にお金が貯まっている方は、この章をスルーして5章に進んでください。そうでない方、ひと昔前の日本女性は、「質素倹約を旨とせよ」と教育されましたよね。自らの欲は捨て、家族のためにお金を使いなさい。物を捨てるのは悪。一度買ったら壊れても直しなさい等々。

物やお金を大切にするのは美徳ですが、そのために生活の質を落とすのは、まさに灰色。薔薇色生活とはいえません。

節約は美徳かもしれないけれど
お金を増やすことにあまり貢献しない

節約本に曰く、「バナナの皮は捨てる前に靴磨きに使え」。私も新婚当時、いろいろな節約テクニックを試しました。ライフハック術を知ることができたし、エコにはなりましたが、驚くほどお金は貯まりませんでした。老後資金もしかり。バナナの皮にもうひと仕事させても、貴女の預金残高は1円も増えないと断言します。それよりも、

●保険を見直して、必要な保険だけに入り直す。
●冷蔵庫空っぽデーをもうけ、無駄な買い物やフードロスをなくす。
●一つ前の駅で乗り降りし、交通費削減&ヘルシーウォーキング。
●住宅ローンは金利を定期的にチェックして、借り換えも検討。

これらを実行するほうが、断然効果的です。こうした**「出ていくお金を減らす」節約術は、どんどん実行**しましょう。

そしてさらに積極的に、確実にお金を貯めたいなら、「先にお金をとっておく」方式が一番！ つまり**「先取り貯金」**です。

先取り貯金でお金を貯める〝癖〟をつけて引っ越しや家族旅行の費用に困らない貴女に！

「老後資金を貯金したいのに、なかなか貯まらない！」とお嘆きの皆さま。まず薔薇色口座をつくりましょう。今お使いの口座でもいいですし、ソニー銀行ならお給料が振り込まれる口座から毎月、手数料無料で決めたお金を移動できます。そこに、ひと月の収入の**10～40％のお金を使ってしまう前に分配**します。これぞ、**「先取り貯金」**！　お給料20万円の方の10％、「2万円」を例に解説します。

さあ、2万円をどう配分しましょう？　私のおススメはまず、

1．使う口座（普通預金）……1万5000円

光熱費や食費等の生活費や、冠婚葬祭費など突発的な出費、さらにあなたのお小遣い分用の口座です。**「使う口座」には、生活費の3カ月から半年分**を入れておければ理想的。これだけあれば、年に一度の家族旅行代にも対応できます。**目標金額に達するまで、先取り貯金の大半を投入**しましょう。

2．貯める口座（定期預金）……5000円

「貯める口座」は、自動引き落としの積立定期預金。普段は使わず、**5年以内に使う出費のための貯蓄**と、大ピンチのときに役立つへそくりです。

たとえば、5年以内に引っ越しで100万円かかる予定があるなら、そのために貯めましょう。**1の「使う口座」が目標額に達したら、「貯める口座」への分配を増やし、5年以内に使う予定があるお金を黙々と貯めます。**

もうお金に泣かされない！
先取り貯金計画

STEP_1 まずは「使う口座」に生活費×3カ月をプール！

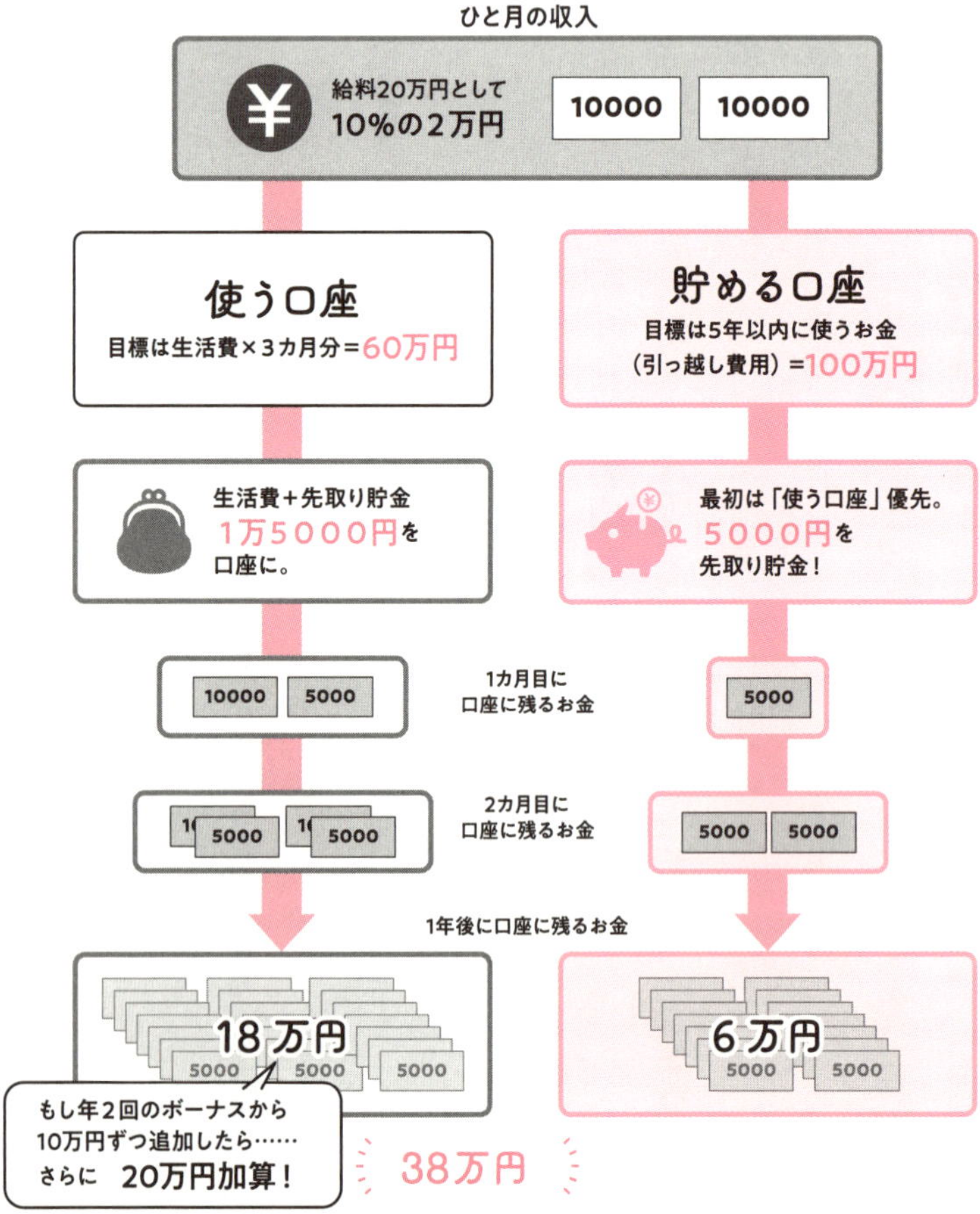

STEP_2 「使う口座」に目標額が貯まったら、「貯める口座」のラストスパート！

やった！
60万円達成！

60万円をキープ中は
先取り貯金ゼロ

家族旅行で18万円放出！

先取り貯金復活！
60万円になるまで
1万5000円！

現在10万円

今度は目標金額へ
ダッシュ！
2万円を先取り貯金！

「使う口座」優先復活！
5000円を
先取り貯金！

STEP_3 「使う口座」「貯める口座」が目標額になったら「増やす口座」にシフト！

60万円確保！
先取り貯金ゼロでOK

増やす口座
スタート！
将来的には先取り貯金
全額2万円を！

「増やす口座」は
投資用口座です
詳しくは5章から！

間もなく
目標100万円！
そろそろ「増やす口座」
にも先取り貯金を。
目標に達したら
先取り貯金ゼロでOK

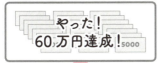

先取り貯金で貯められる貴女になれば「お金を増やす口座」だってつくれます！

「ちょっと待って！　お給料20万円×3＝60万円を1万5000円ずつ残して貯めるとなると40カ月！　ここから2万円を貯めて、引っ越し代の100万円にするには、80カ月もかかるじゃない！」。よくお気づきになりました。

先取り貯金生活を続けると、口座を見るたびお金が増えています。これは、ほんとうにすごく楽しいんです！　鼻歌、出ちゃいます！　すると、もっと貯めたくなって月2万円を3万円に増額したり、ボーナスを臨時で追加したり、**自然に貯金の貯まるスピードは加速。**このあたりで人も変わります。なかには「このままでは貯まるスピードが遅すぎる」と、ネイリストを辞めて、証券会社に転職した人も。

ですから当初よりも短期間で、「使う口座」には生活費×3カ月分のお金は貯められます。そうなったら、先取り貯金の大半を「貯める口座」へ。そして、**第三の「増やす口座」（第5章）**にも少しずつ先取り貯金を回します。

ところで、先取り貯金を続けるためには、鉄の掟があるのです。それは

●先取り貯金は無いものと思え！

「自分へのご褒美に、ちょっと高いアクセが欲しい〜。そうだ、貯める口座の定期預金を崩しちゃおっと！」。気持ちはわかります、わかります、ええ、わかりますとも……と100回言ったあと、強めの喝を入れます。「絶対にダメです！」。先取り貯金は、「もう無いお金」として認識してください。

「自分へのご褒美」対策は先取り貯金生活のキモです

この際、「自分へのご褒美癖」を少し見直しましょう。**ネットショップで衝動的にポチリがちな方、いったん商品を「欲しいものリスト」に入れましょう。**

そして1週間後、改めて欲しいものリストで確認するのです。この時点で、リストの山にうんざりする人もいます。そこで問います。

全部まだ欲しいですか？　手に入れないと、人生は薔薇色になれませんか？……その確認後にポチっても、遅くはありません。

「使う口座」に生活費×3カ月が常にあれば貴女の人生は安心・安全・安泰！

これまで貯金ができた試しがなく、いつも挫折感や劣等感にさいなまれていた方にとって、先取り貯金を続けるのはとても大変なことでしょう。

それを百も承知で、この本で初めて心を鬼にして言います。

いろいろなご事情があって、「自分には無理」と悲観して変わろうとしないのは、薔薇色の老後どころか、人生を諦めるのと同じです。病気、天災、リストラ等、人生のピンチで立ち上がれる人は、いざというときのお金が貯まっている人です。

実家が貧しかったから、学生時代の成績が悪かったから、国が悪いからと、一生言い続けますか？


とにかく、先取り貯金生活を始めてください、続けてください。

「使う口座」に３カ月分の生活費がキープできるまでは、どうか諦めないでください!!

よーくチェックしてみてください　無くせるもの・減らせるもの、きっとあります

手はじめに、これまで無制限だった自分へのご褒美代や、衝動買いしてもすぐに着なくなる流行りの洋服代、数カ月見ていない動画配信のサブスク代、見直していないスマホのプランなど、**衝動的・惰性的な浪費は厳しくチェック**を。削っても薔薇色生活があせないもの、ゼロにするのは難しいけれど、減らしてもそうがっかりしない出費など、どんどん削ってください。

……とはいえ何が起こるかわからないのが人生　断腸の思いで先取り貯金に手を付けた貴女へ

私の仕事仲間に、59歳で現在の貯金が10数万円しかない女性がいます。しかし彼女は私の勧めどおりに、先取り貯金を実践中。「だけど定期預金を積

んでは崩すで、賽《さい》の河原状態ですよ」。お金は、理系の私立大学に進学した2人の子どもの学費に消えていき、彼女はいつもため息交じりに言うのです。「こんなに働いているのに、なぜ満足に貯金もできないんだろう」

そんな彼女は、私にとってダメな教え子でしょうか？　いいえ、違います。**先取り貯金をしていたからこそ、借金せずに済んだのです。奨学金も借りなかったそうで、それも先取り貯金をしていたからこそ！　すごい！**

貯金は、札束のコレクションではありません。**使うべきところに、使うべきタイミングで使い、人生を薔薇色にするためにお金を貯めておくのです。**

すっかり大人の読者諸姉は、思うようにならないのが人生と、よくご存じですよね。彼女のように、**いかんともしがたい理由で先取り貯金を崩すことになったら、明るく喜んでお金を使ってください。それから切り替えて**、またスタート！「さあ今度は絶対、理想額まで頑張るぞぉ！」と。

CASE STUDY 7

数字大っ嫌い！　家計の管理も夫任せ。それでも、老後はお金に向き合わなきゃダメ？

そもそも超文系なんです。昔から、数字を見ると鳥肌が立つタイプ。結婚してからも、夫に家計は任せきりだし、私はお小遣い用のカードを渡されているだけ。だけど、もう夫も定年で収入激減だし、私も家計のこと考えなきゃダメですか？　……ああ、頭痛が（涙）（ヒロミさん　52歳　専業主婦）

A　家計の管理経験ゼロの方でも優秀なアプリを利用すればＯＫ！

ヒロミさん、これまで家計管理のご苦労がなかったうえ、この時代からスタートできるなんて素晴らしくラッキーです！　昔なら、家計簿に「サンマ

4尾　100円×4　400円　今月の食費合計は5万4238円」なんて、いちいち手書きして、自分で集計して……（遠い目）。でも、スマホ時代の現代、びっくりするくらいラクです。優秀な家計アプリを使えば、1回数秒で書き込み完了。同時に集計と分析まで！　また、クレジットカードや電子マネーを使えば、そもそも記録の必要もありません。まさに「神！」って感じでしょう？　つまり、ヒロミさんがすることは「家計を管理するぞ！」と決意すること、スマホにアプリを入れること、お買い物や収入があったらアプリを起動させて記録すること。週に一度アプリを見て「あちゃー、食費がやばいから今日は買い物なしで、冷蔵庫空っぽデーにしよ」って調整することです。

RECOMMEND

家計簿アプリ

私のおススメは「2秒家計簿おカネレコ」と「マネーフォワード」

薔薇色老後

準備中

49歳、7時間睡眠でハワイ旅行へ！

自己肯定感が低い人が多すぎます。家計の相談中、「ダメな私」ではなく「やればできる」と気づいていただくため、いつもお聞きします。「何のためにお金を貯めたいですか？」。「今までケチケチ旅行ばっかりだったから、リッチな旅行がしたいです。でも私、夜中のネットショッピングでお金貯まらないし」。「では、これからは早めに寝て、毎日7時間睡眠を確保しましょ！」

経験上、睡眠不足の方は家計も乱れがちなのです。同時に投資信託での運用もご提案。「貴女が眠っている間、お金に働いてもらいましょうね！」。彼女は睡眠時間を確保し、徐々に健康的になり、ネガティブ発言も激減！　投資信託が生み出してくれた利益は、ご主人様と行くハワイ旅行の費用になる予定です♡

薔薇色老後は自己肯定感アップと睡眠時間から

第5章

薔薇色老後の「増やす口座」＝投資。投資を選ぶ・選ばないは貴女次第

これから投資の話をします。でも、私は老後資金のための投資を強要しません

この本を開いてくださっている読者諸姉。さまざまな統計から推測して、**6割がたの皆さまは投資をしたことはなく、さらにその内の6割の方はこれからも投資はしたくない**※1とお考えではないかと思います。

また、老後資金への不安から**「やっぱり無理にでも、投資を始めなきゃダメかしら」**とため息交じりの方も、決して少なくはないでしょう。

ため息をつかなくても大丈夫です。お金のプロとして、また2500人以上のお金と人生の個人相談を行った経験から言います。**「貴女自身の判断や**

好みで、投資をする・しないを決めてください。それが正解です

ただ、これから解説する「投資に関する情報」は、ぜひご一読を。なぜなら**「ハードルが下がり、税制優遇もあり、初心者でも始めやすくなった令和時代の投資を正しく知らないと、貴女が損をするかもしれないから」**。

たとえば、スマホを例にとってみましょう。システムはよくわからないけど、便利なので使う人。一方、スマホは難しそうだし怖いので、ガラケーで不自由さや物足りなさを感じながら使い続ける人……、**やってみる、やらないで、幸福度がまるっきり違います**よね。投資も同じです。

「投資はギャンブル」など、バブル期でストップした金融常識をいったん棚上げしてください。老後資金を何とかしたい、お金の苦労をせず、老後は悠々自適に過ごしたいのなら、**お金の知識は欠けることなくフル装備。そのうえで、貴女の薔薇色老後には何が最適か、自由に選べばよいのです。**

※1「リスク性金融商品販売に係る顧客意識調査結果」(令和3年6月30日金融庁)

まず昭和の金融常識をアップデート。令和の銀行預金では「老後は預金を取り崩し」計画は困難

昭和から平成初期だったら、老後資金を増やす方法として銀行に預ける方法もおススメでした。私が持っている古いチラシを見ると、平成2年、郵便局の定額貯金の10年間の年利回りは8・648％とあります。1000万円預けていたら、10年後には1864万8650円にも。**かつては、貯金を取り崩しながら、老後資金に充てることも充分できたのです。**

しかし、令和6年のゆうちょ銀行は、0・13％。10年預けても、13万804円しか増えません。左ページの図に示すように、**今や1000万円あったとしても、取り崩していたら10年と半年が限界**です。今後、銀行の金利は上がっても、8％の世界が近々再来することは、期待できないでしょう。

30年前は銀行預金の取り崩しで老後資金はOKだった

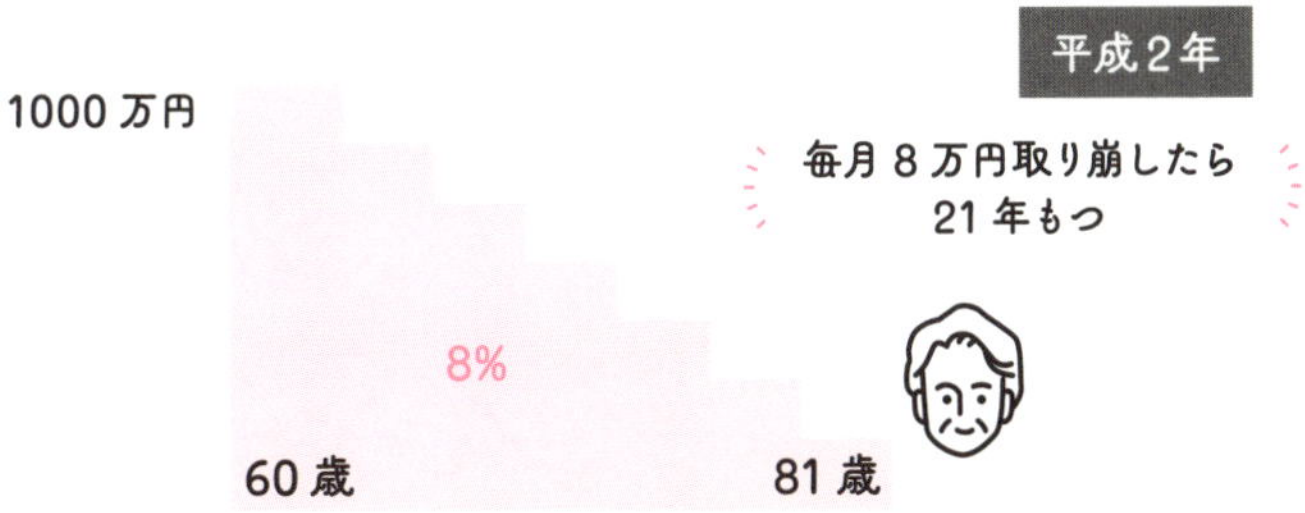
平成2年
1000万円
毎月8万円取り崩したら
21年もつ
8%
60歳
81歳

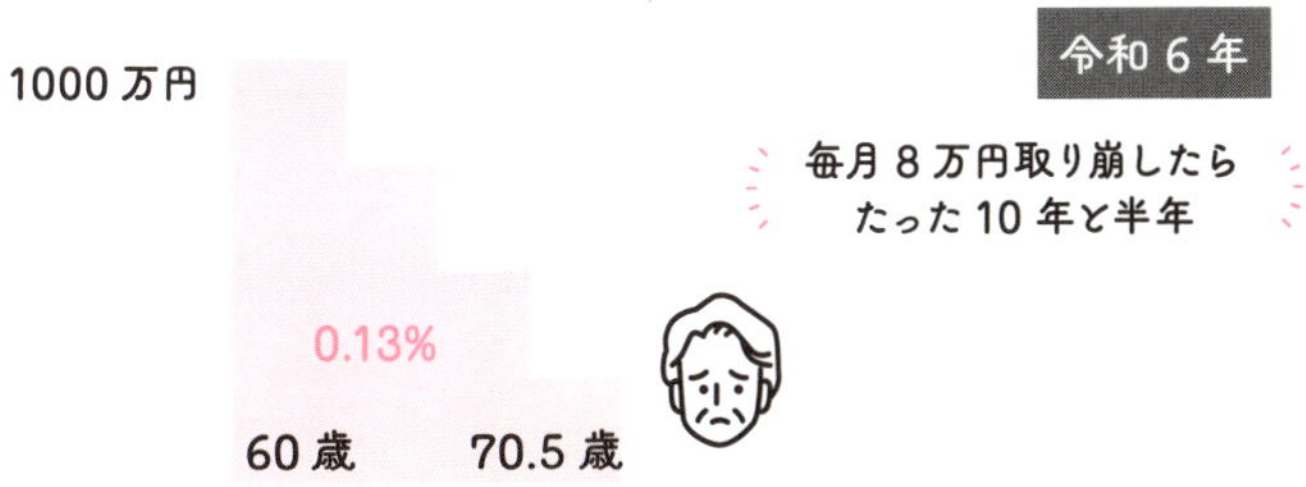
令和6年
1000万円
毎月8万円取り崩したら
たった10年と半年
0.13%
60歳
70.5歳

そのうえ平成2年の
女性の平均寿命は81.9歳
令和5年の平均寿命は
87.14歳なのだから
よけいにトホホ……

令和の金融常識の衝撃的事実！
今や高収入すなわち高資産ではない時代

バブル華やかなりし時代、「3高」の男性が結婚相手の理想とされたのをご記憶でしょうか。3つの「高」とは、高学歴・高収入・高身長。ですが、高収入が最強の魅力とはいえない、新時代の幕がすでに開いています。

左ページの図は、日本最大級の総合情報サイト「All About（オールアバウト）」が2021年〜2022年に実施した、家計に関するアンケート結果です。私はこのサイトで家計簿・家計管理のガイドをしています。コメントを求められ、高らかにこう言いました。

「朗報です！　たとえ年収が低くても資産運用することで、高収入世帯に負けない金融資産を築けるとのエビデンスを得ました！」

高収入＝リッチな時代は終幕…「投資格差」の新時代へ

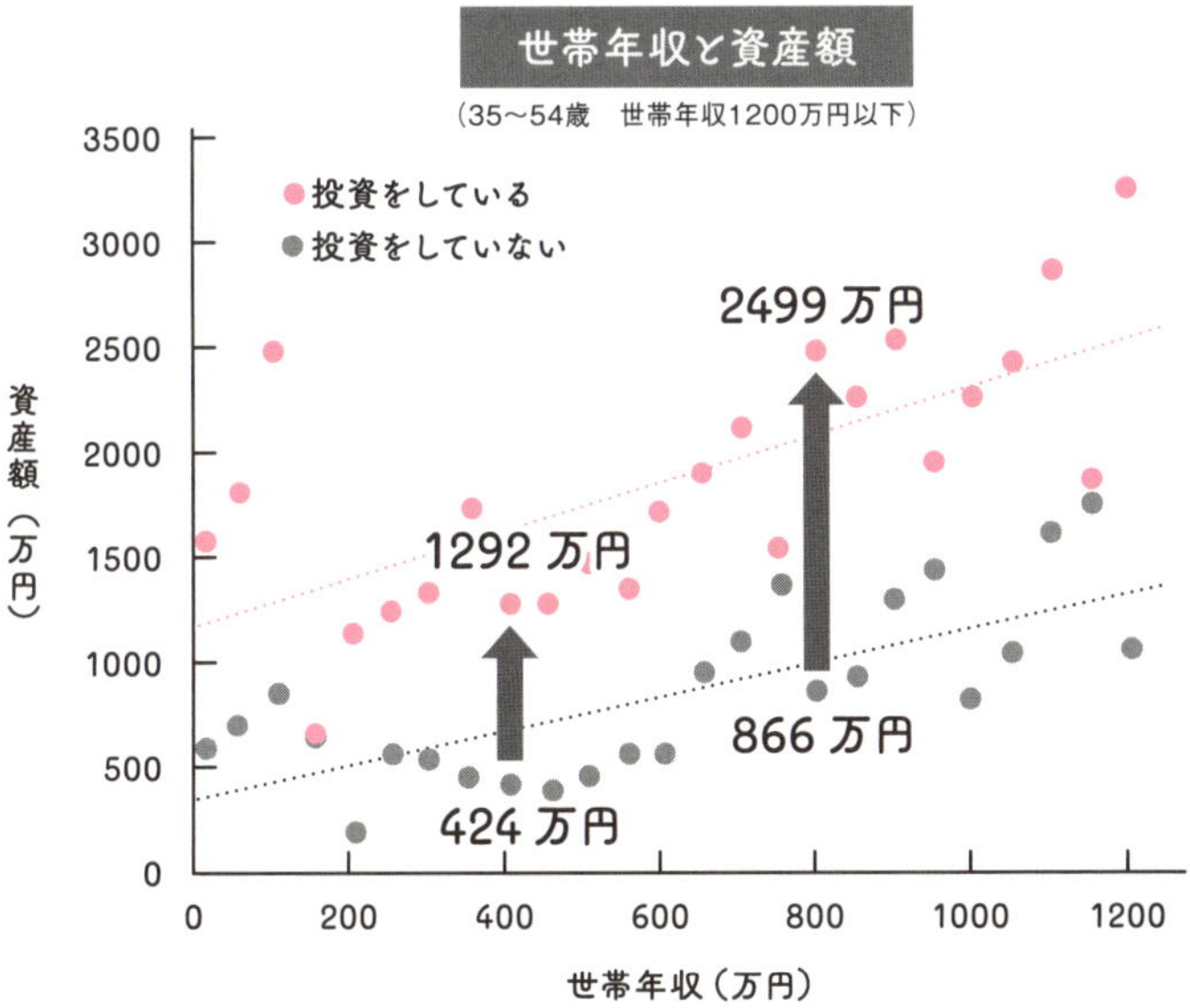

All About家計に関するアンケート2021年2月～2022年7月

収入格差よりダメージが大きい「投資格差」。同年収でも金融資産は2倍の差

前ページの図は、ずばり「投資格差」を表しています。左側の矢印は、世帯年収400万円の場合。投資をしていない世帯の金融資産は約424万円。同じ年収でも、投資している世帯は1292万円と、800万円以上のひらきがあります。

もうひとつの矢印は、世帯年収800万円の比較です。こちらはその差、約1600万円。投資をしない年収800万円世帯より、**投資をしている年収400万円世帯のほうが金融資産は多い！**という興味深い結果でした。

さらに、**よく見るサイトについても調査したところ、「投資をしていない人」の場合、お金に関しては「金運・開運」**などが中心でした。一方**「投資をしている人」は、保険や投資など「お金の具体的な情報」**を探していたのです。

投資をしない人の「お金が増える」とは、宝くじがあたるなどラッキーなハプニングが起こって、臨時収入や大金が転がり込むこと。そんな運任せの当然の成り行きとして、同じ年収でも2倍の資産格差ができたのでしょう。

もちろん、私も金運アップの話は大好物。神社にお参りに行くのも大好きです。ただ、同時に自らすすんで「お金を増やすにはどうしたらいいかな？」と考え、調べ、行動するのも大好きなのです。そしてぜひ読者諸姉にも、金運と同じくらい、お金の情報アンテナを立てていただきたいと願っています。

投資しない人の理由を調査した結果、「知らないから踏み出せない」と判明

左の図は、日本の金融界を司り監督する金融庁が、一般の方を対象に行ったアンケートです。投資をしていない人に、「どうして投資しないんですか？」と質問したところ、その回答は……まだ投資経験のない方、貴女と同じではありませんか？

詳しく知らないから、どうしたらよいかわからないから、ちょっと怖いから……要するに、正しくてわかりやすい情報が届いていないのです。

ちなみに、投資未経験者の投資をしない理由は、ここ十数年ずっと変わっていません。つまり、**情報を得ないことで、金融資産を増やすチャンスをなくしている**現象は、いっこうに改善されていないのです。

投資は必要だと思うが行わない理由

投資未経験者のうち、過半数が「余裕資金が無い」と回答。
そのほか、資金運用に関する知識不足、
購入や保有に対する不安が、
投資に踏み切れない原因とわかった。

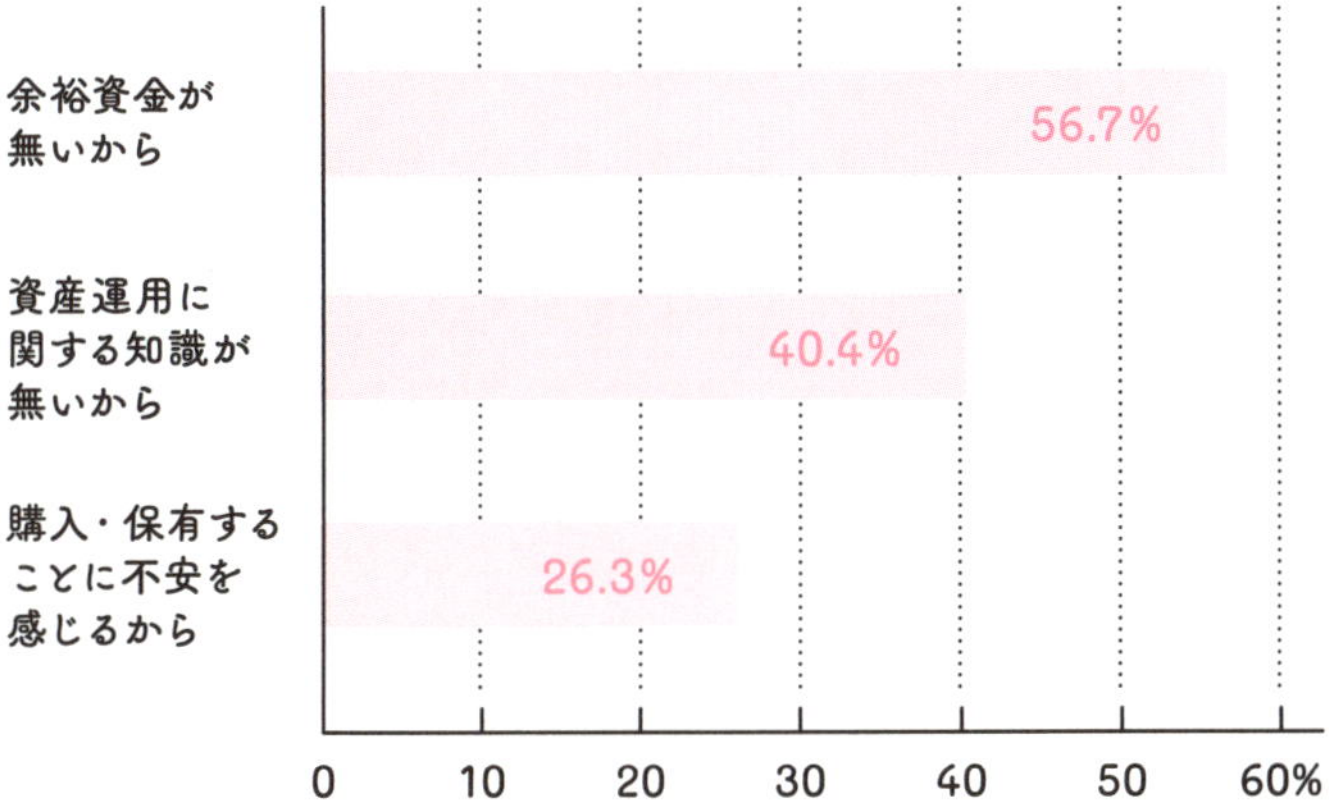

余裕資金が無いから
56.7%
資産運用に関する知識が無いから
40.4%
購入・保有することに不安を感じるから
26.3%
0
10
20
30
40
50
60%

知っていればクリアできることがたくさん……もったいないっ！

「リスク性金融商品販売に係る顧客意識調査結果」（令和3年6月30日金融庁）を加工して作成

薔薇色老後

模索中

45歳、不登校は貴女のせいじゃない

お子さんの不登校で、仕事を辞められた45歳の女性は、お金と子どもの将来が不安でと嘆かれて……。「お金のことは大丈夫。ご家庭によって、さまざまな特別支出があるものです。そして、お子さんは学校に行っても行かなくても、常に尊い存在ですから」

新しい学び、そして自分のやりたい学びを求め、通信制の高校や大学も入学者が急増しています。今や高校生の12人に1人は、通信制高校の生徒なのです。

時代は猛スピードで進みます。人生の数年間「？」と思う時期があっても、あとから思い返せば、「あれは時代の最先端だったのだ」と思うかも。同じようなケースのご家庭のお子さんも、時が経つと成長なさいました。それまで親ができることは、その子がお腹の中にいたときのように、ただ信じ、祈ることですね。

信じて待つことは薔薇色への道に通ず

第6章

投資を怖がる大きな理由。「元本割れ」をしない商品もあります

預金は安心で投資は怖い？
投資と預金の違い、ちゃんと理解しましょ

銀行の金利がよかった時代は、銀行にお金を預けて増やす方法が一般的だったと、これまでお話ししましたね。しかし超低金利時代の今、**銀行に預金するのは「お金を蓄える」ことに特化**していると考えましょう。元本割れは起こしませんが、金利以上の利息はもらえません。物価が金利より上がったら、お金が目減りすることになります。

では「投資」はというと、**「増えることを期待してお金を投入する」行為**です。ただし、元本割れしない投資は、一部を除いてほとんどありません。

「え？　ということは、お金が減るリスクゼロの投資もあるってこと？」。

はい、そうです。100ページで詳しくご紹介するので、しばしお待ちを。

（「預金」と「投資」の違うところはここ！）

	預金	投資
種類	普通預金・定期預金	株・債券・投資信託など
何をする？	銀行にお金を預ける ＝銀行にお金を貸す	金融商品の売買
何で利益を得る？	預金の利息	値上がり益、 配当、分配金
私たちが得るものは？	預金分の利息 （損失は無し）	値上がり益と 下落時の損失
資産を増やせる可能性	ＮＯ 決まった利息分のみ	ＹＥＳ 値上がり益や預金より 高い利回り
役割	いざというときの貯蓄 日常的なお金のやりとり	株主や債権者になることで 国や企業を応援 運用によって資産を増やす

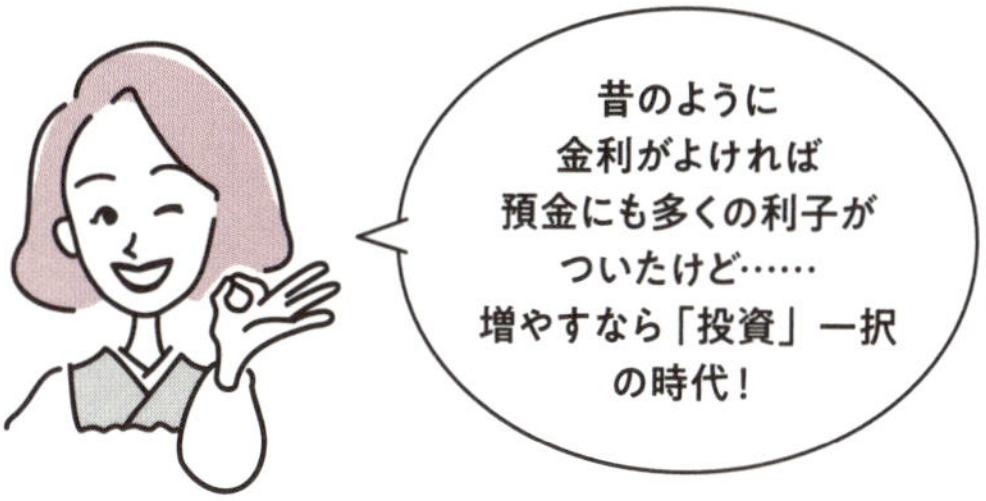
昔のように
金利がよければ
預金にも多くの利子が
ついたけど……
増やすなら「投資」一択
の時代！

もしかして、投資＝株と思っている？代表的な3種類を覚えてくださいね

ひと口に投資といいますが、**「利益を期待して資金を投入」するものは、すべて投資**です。たとえば、絵画や不動産へ投資する人もいます。暗号資産（仮想通貨）や、金・プラチナを買う投資も。この本では、代表的な金融商品である**「株式」「債券」「投資信託」**の3種類をご紹介します。

そして、投資によって利益が生まれるかどうかは、あくまで「期待」にすぎません。ごく一部のもの以外は**「必ず利益が出るとは限らない」のが投資というものであり、投資を行う際に心得ておくべきこと**です。

この鉄則、何度でもお話しします。なぜなら、「必ずもうかる」という誘い文句に、疑いつつも最後には飛びつく方が後を絶たないから……です。

代表的な投資は「株式」「債券」「投資信託」の３種類

	株式	債券	投資信託
発行体	企業	企業や国など	運用会社がつくって、銀行や証券会社で販売
特徴	市場で売り買いされ、常に値動きする	利子があらかじめ決まっている満期日に額面金額が戻る	国内外の株や債券などのパッケージ商品
受け取れるもの	株主優待、配当金がある企業も	利子	分配金があるものも
長所	会社が順調に成長すれば、その分株価も上昇	値動きが比較的安定	少額から分散投資でき、運用を専門家に任せられる
短所	１社と運命共同体になるためハイリスク	収益率は低め	原則、長期で利益を見込むため短期売買には不向き

投資への「怖い」「ギャンブル」などのマイナスイメージは株式市場が乱高下することからきているのかもね

投資にはリスクがありますが リスクの度合いは投資の種類で異なります

リスク、リスクと繰り返して強調すると、「やっぱり投資なんてできない～」と涙目になっている方もいるでしょう。大丈夫、それなら**ローリスクな投資**や、元本割れしない商品を選べばいいのです。

元本割れしない商品は「個人向け国債」。左の図の「債券」の一種です。そして、ローリスクな投資方法は超有名！　投資のことを調べたら必ず登場する合言葉、**「長期・分散・積立」**です。これがカンタンに、どなたにでも行える投資商品が**「投資信託」**。こちらは第10章で詳しく解説します。しかも、**「やっぱり投資って難しい！　私にはできない！」という方でもできる、とっておきの方法**もありますから、どうぞご安心を。

預金と各種投資の リターン＆リスクのイメージ

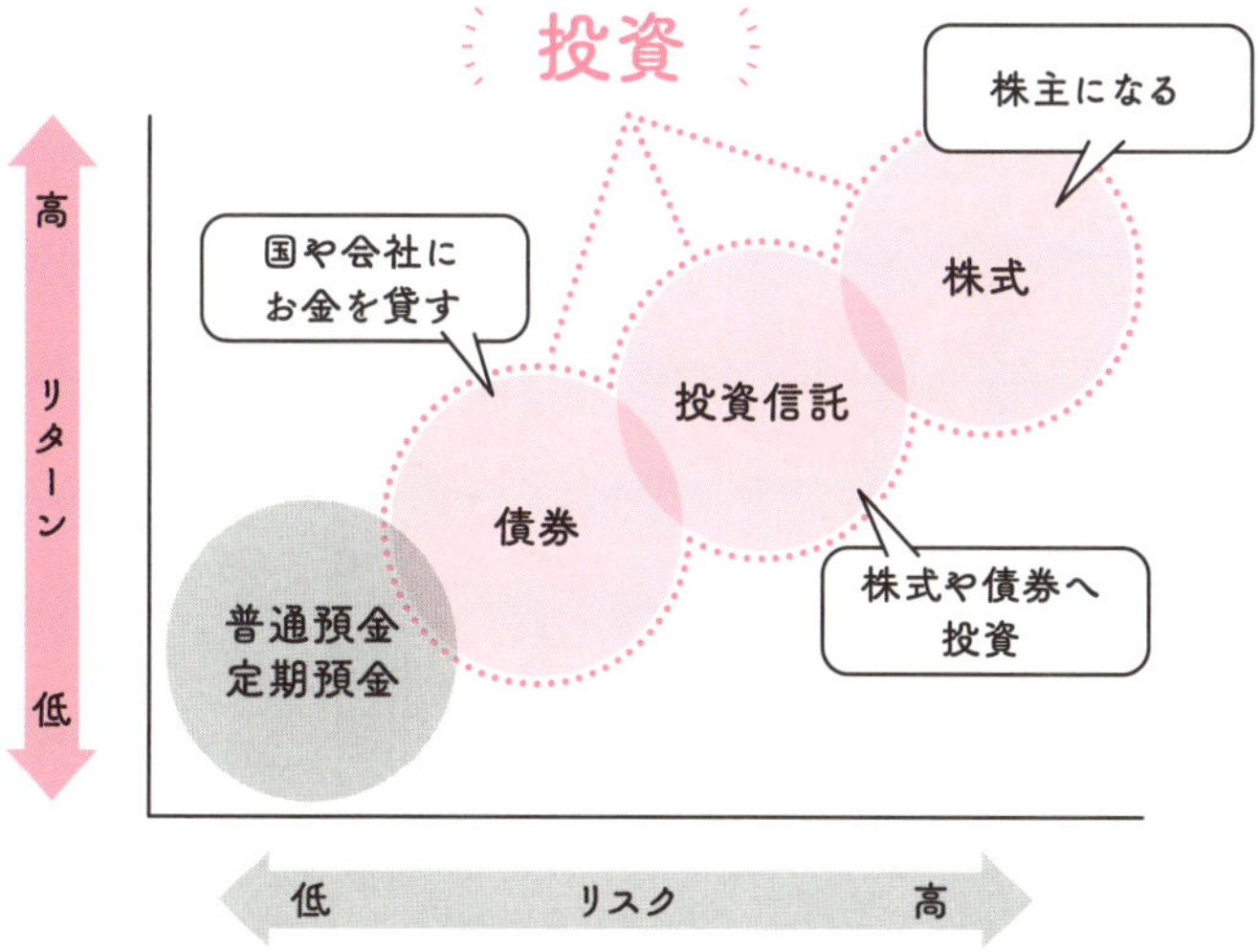
投資
株主になる
国や会社に
お金を貸す
株式
投資信託
債券
株式や債券へ
投資
普通預金
定期預金
高
リターン
低
低
リスク
高

普通預金・定期預金＆
債券の一部は
つぎ込んだお金以下に
ならない

個人向け国債

ビギナーおすすめ度	★★★★★

山口的「彼氏」キャラ

- 堅実な国家公務員、地方出身。
- 穏やかで冒険しない堅実な性格。
- 長く、安心して付き合えるタイプ。

利益や損失	元本割れする？	しない 注目！
	どのくらい増えそう？(年率)	0.57%（変動 10 年）、0.46%（固定 5 年） 0.34%（固定 3 年）※ 2024 年 10 月
	絶対に増える？ 減ることもある？	絶対に増える（最低金利保証 0.05%）
	満期設定はある？	3 年・5 年・10 年
	課税される？	受取時に 20.315% 分の税金が引かれる

プロフィール	いくらから投資できる？	１万円から
	購入の上限金額はある？	上限金額なし
	購入できる年齢制限はある？	年齢制限なし
	買える場所は？	証券会社　郵便局　銀行（一部はネット銀行も）
	発行しているのは？	国
	買える時期は？	毎月
	どんな種類がある？	変動金利型・固定金利型
購入の注意点	買うときに専用口座は必要？	必要（新規開設は本人確認書類と印鑑を用意）
	専用口座開設にかかる時間は？	１日～数日
	口座の開設費や維持費は？	ほとんどかからない
	積み立て方式で自動的に買える？	自動的には買えない
満期や中途換金	満期時の受け取り方は？	自動的に指定口座や証券総合口座に入金
	換金できない期間はある？	発行から１年まで
	中途で換金できる？	発行から１年経過後はOK
	中途換金はいくらからできる？	１万円から
	中途換金が入金されるまでの時間は？	だいたい３営業日後
	譲渡や相続はできる？	できる

穏やかで堅実な国家公務員キャラの「個人向け国債」。投資デビューにピッタリ！

投資商品は山のようにあって、「何を選べばいいのかわからない！」と何度ご相談を受けたことか……。なので、この本では、わかりやすく彼氏キャラにしてご紹介しますね。

1人目は**「個人向け国債」**君。**国の発行する債券（借金の借用証書）で個人が買えるもの**です。債券には、企業が発行する「社債」もありますが、国債の発行元は国！　**安全性はお墨付き**です。

また、投資のプラスマイナスで考えるとき、**個人向け国債のいちばんの利**

点は、あらゆる投資の共通リスク「元本が割れる危険性」がないこと。満期になれば、お金は全額、減らずに戻ります。さらに半年ごとに利子を受け取ることができ、お金は確実に増えます。

また投資は、安いところで買い、高いところで売って利益を得る、という目的はありますが、同時に**「自分のお金が社会の役に立つ」**という視点も忘れたくないものです。会社の株を購入したなら、その会社の安定経営の助けとなり、**国債によって国に入ったお金は、橋をつくったり、地方交付金として、また地元に戻ってきて、学校や図書館などに役立てられます**。

そういった社会的意義を見出し、個人向け国債で投資デビューするのも素敵ですね。

CASE STUDY 8

30年来の親友から「絶対もうかる」と投資話が。ひと口乗るのが友情というものでしょうか？

学生時代からの大事な友人から、急に連絡があり、久しぶりに会うことになったんです。すると近況報告もそこそこに、「貴女だから話すの、絶対もうかる投資なの、絶対損はしないの！」と熱く語る彼女。へそくりを融通するかどうか、迷っています。（サチエさん　48歳　パート勤務）

A 金融詐欺の多くは「友人の紹介」。きっぱり断ることこそ真の友情です

サチエさん。お友だち思いの情の深い方ですね。でも、その「絶対もうかる投資」は、確実に詐欺です。友だちが大事なら、きっぱりお断りください。

私にもたくさんのご相談が寄せられます。月利4％（ひと月に4％の利息がもらえること）の海外のビジネスの投資から、聞いたこともない暗号資産、未公開株！「お友だちから誘われて」が枕ことばです。

お友だちは自分が詐欺にだまされていることに気づかず、よかれと思って勧めてくるから、たちが悪く……。つまり、悪意ではなく善意から、自分の友人を誘っているのです。たいていは、最初はもうかるものの、どんどん入金が滞って、最後は元本が返ってこなくなるパターンです。

ちなみに、私と株主優待生活で有名な「桐谷さん」の写真が使われた、LINEに誘導する詐欺もあるから気をつけてくださいね！

RECOMMEND

金融庁金融サービス利用者相談室

詐欺的な投資の相談ができます。電話でもウエブでもOK。

CASE STUDY 9

貯金あります。投資もやりたいです。でもどうお金を使ったらいいのかわからない！

大学卒業後、勤め始めてから欠かさず定期預金を続け、現在2000万円まで貯まりました。まもなく定年なんですが、このお金をどうするのがよいのでしょうか？　投資経験はないものの、興味はあります。でも損したくはないです。（サツキさん　55歳　会社員）

A まずは「使う」「貯める」口座で暮らしの土台のお金をキープしてから投資にGO！

サツキさん、すごい！　30年以上、コツコツお金を貯め続けてこられたのですね。せっかく貯めたお金です。大事に取っておく分と、増やす分とに分けて、有効活用しましょう。

４章で詳しくご説明したように、目的別に口座を分けます。「使う口座」と「貯める口座」の残高を理想額にキープした状態で、「増やす口座」に徐々にお金をシフトしていきましょう。もし定期預金にお金が入っていれば、一度解約して普通預金に移し、そこからＮＩＳＡ口座で投資をしていきます。

一度に投資をする方法もありますが、投資した瞬間に大暴落したら泣けてきますよね。毎月、最高30万円積み立てができますから、１年間で３６０万円、５年で１８００万円、ＮＩＳＡ口座で投資をするのがおススメです。詳しくは７章以降をご覧くださいね。

RECOMMEND

銀行口座にキープ&NISA開始！

預金はゼロにせず、つみたて投資でコツコツと確実に増やそう。

←「貯める口座」の理想額はp.69で解説

薔薇色老後

実践中

60歳からの終のすみかを持たない選択

私の友人は、定住しない生き方を選択した60代。50代で取り壊し寸前のアパートや、家主が高齢で施設に入った全国の空き家、農業を手伝いに行った先を転々とする生活を始めました。

料理人でもある彼は料理教室や、地域の素材を使った商品開発とプロモーションなどを手掛けています。「賞味期限まであと12時間の、とろけるようなキノコがあるから来ない？」。そんな呼びかけをすれば、彼が管理する空き家オーベルジュに、全国から友人・知人が集まってきます。

今や全国に空き家は約900万戸。住むところの心配より、「うちに住んで」と言われるところに住む悠々自適な暮らし……それも薔薇色老後のひとつの形です♡

どこに暮らしたい？
貴女の住みたい場所でいい！

第7章

「日本人よ、もっと投資を！」

政策によって生まれた、お得なNISAを活用

聞いたことはあるけれどわからない率35・4％。NISAの「知るべきこと」だけ解説します

「NISA（ニーサ）、なんかお得らしい、でもその正体は不明」。これが多くの方の正直なところでしょう。NISAの正式名は少額投資非課税制度。読んで字のごとく、少額の投資ならどれだけもうかっても非課税にするよ～というお得な制度です。

「少額」ってどれくらいだと思います？ なんと1800万円、どこが少額なの？って突っ込んでください。**「一生涯、1800万円までの投資なら、どれだけもうけても税金は1円も取りません！」**という制度です。

すごい制度なのに、興味はあるけれど利用に踏み切れない方が多いようです。112ページから「NISAのよくある質問」にお答えします。

2024年、さらにNISAが利用しやすくお得になった！

特徴	詳しく！
日本国内在住の18歳以上が利用可能	1人1口座開設できる
証券会社や金融機関で口座を開設する	窓口もしくはネットで手続きできる
運用益が非課税！	株や投資信託の利益や配当・分配金に通常かかる20.315%の**税金がかからない**
「つみたて投資枠」と「成長投資枠」がある	「つみたて投資枠」は年間120万円、株も投資信託も買える。「成長投資枠」は年間240万円まで
「つみたて投資枠」の対象商品は、条件を満たした投資信託とETF(※1)のみ	ビギナーでも安心して買える投資信託！
「つみたて投資枠」と「成長投資枠」を併用できる	合計360万円を運用可能。「成長投資枠」でもつみたてができる！
生涯、非課税で利用できる	**合計1800万円まで**（うち「成長投資枠」は1200万円まで）
売った分のNISA枠は復活し、また利用できる	株や投資信託を売ると、翌年投資元本分のNISA枠が復活！
NISAの利益は確定申告不要！	非課税なので、確定申告する必要なし

※1　投資信託は証券取引所に上場されていないものと、上場されているものがあり、ETFは証券取引所に上場しているもの。

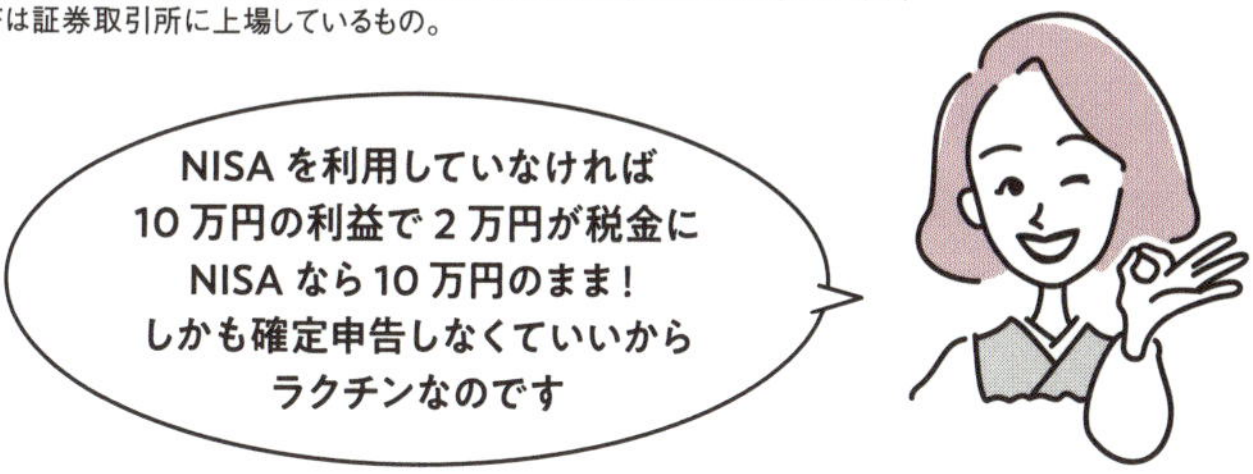
NISAを利用していなければ
10万円の利益で2万円が税金に
NISAなら10万円のまま！
しかも確定申告しなくていいから
ラクチンなのです

【質問1】いまいちわからないのですが……。NISAって株のこと？

実はこのご質問、けっこういただきます。「NISAで得したよ」という話を聞いて、「銀行の新しい積立商品」とか「NISAという名の株がある」と思ってしまう人が大勢いらっしゃるのです。**再確認しましょう。NISAは、株などの商品を指すのではなく、制度の名称**です。

よく証券会社や銀行のホームページに、「NISAはこちら」って書いてありますね。え？　ホームページなんか見ない？　ぜひ見てみてください。そこには、その金融機関で買えるNISA対象商品が載っていて、NISA口座を開けば売買できるというわけです。ですから、金融機関に行って「NISAをください」と言っても、売ってもらえませんからご注意を。

【質問２】ＮＩＳＡがいいっていうけれど。本当にもうかるの？ ＮＩＳＡで損することはないの？？

ＮＩＳＡはあくまで非課税制度、つまり税金がかからないのであって、**ＮＩＳＡだったら「元本保証」とか、「絶対もうかる」というものではありません**。投資である以上、利益が期待できると同時に、値下がりするリスクもはらんでいます。その点は誤解しないでくださいね。

だけど、ローリスクの選択肢はあります。**ＮＩＳＡの「つみたて投資枠」で扱う商品は、金融庁に届けられた条件を満たした手数料の低いもの**。しかも、下落時も安心して続けられる「つみたて投資」です（詳しくは８章ご参照）。私は詐欺師ではないので「必ずもうかる」とは言いませんが、**成長する資産にお金を預けることで、自分のお金が増えることが期待できます**。

【質問3】NISAってどこで買えるの？その日に買えるの？

NISAを「買う」のではなく、利用するには、まずNISAの専用口座を開設します。**証券会社はもちろん、銀行、ろうきん、信用金庫などさまざまな金融機関**で手続きができます。このうち、株が買えるのは、証券会社だけです。**将来、株式投資をしてみたい人は証券会社でNISA口座を開設**しましょう。

開設までには、必ず金融機関を通じて税務署の審査が行われます。過去の納税状況を調べるわけではありません。NISA口座は1人1口座しか開けないため、**すでにNISA口座を開いていないかどうかを税務署でチェック**するのです。審査には2～3週間かかります。つまり、「NISA口座の開設手続きしたその日に、投資ができる」わけではありません。

【質問4】新NISAと旧NISAどう違うの? 何がよくなったの?

旧NISAは、10万円が15万円になって売却しても、売った枠(非課税枠)は復活しませんでした。つまり、10万円の株はなくなったのに、NISAの非課税枠は10万円分減ったままでした。しかし**新NISAでは、株を売った翌年、投資元本の枠が復活**します。

旧NISAとの大きな違いがもう一つ。**「つみたて投資枠」と「成長投資枠」、2つの枠が両方使える**ようになりました。「つみたて投資枠」は、毎月コツコツつみたて投資をする専用口座。金融庁に届け出済みの、条件を満たした投資信託で積み立てします。「成長投資枠」は、株や投資信託を一度に買ってもいいし、積み立てで買うこともできます。

【質問5】NISAで買った投資商品に保有期間の「縛り」はある？

大丈夫です、**NISAを利用して買った金融商品には、スマホの「何年縛り」のような保有期間の設定はありません**。必要なときに売ってOK。

【質問6】NISAは非課税っていうけれど買ったときより高くなったら課税対象になる？

NISAを利用して買った株がいくら値上がりしても、非課税です。NISAの非課税保有限度額の枠は、値上がりしている時価ではなく、あくまでも購入したときの金額で決まりますからご安心ください。

また**「つみたて投資枠」で買った投資信託は、途中で積み立てをストップ**

したり、金額を変更したり、別の投資信託に変更することもできます。

【質問７】ＮＩＳＡで株を買ったけれど いったい、いつ売ればいいの？

積み立てする投資信託と違い、**株の場合は最初にマイルールを決めておくといい**ですね。決め方は、貴女のライフスタイルや考え方で決めてＯＫです。

例えば、「優待が楽しみなので一生持ち続ける」というのが、株主優待名人、テレビでもおなじみの桐谷さんのマイルールです。株価が下がっても気になさいません。桐谷さんとは真逆に、「20％下落したら有無を言わさず売る！」というルールで、年じゅう株の売り買いに精を出している方も。

私のルールは、**「長期保有できる銘柄を買って、お金が必要になったら売る！」**です。

【質問8】全部NISAにしたほうがいい？ 貯金をやめて

まず、資産形成の土台をつくりましょう。投資はそこからです。

4章で説明したように、**「使う口座」の普通預金はだいたい生活費の3カ月分、「貯める口座」の定期預金は、5年以内に使うお金＋αをキープ**。少々のことがあっても生活を守っていける、お金の土台を固めてください。

この土台がないと、リーマンショックやコロナショックと同じように、予想もしない大暴落のとき、一気に資産が目減りします。しかも、もし運悪く、同時に大きなお金が必要になったなら……心ならずも、借金をすることになりかねません。安心して薔薇色老後の資産形成を続けられるように、足元はがっちり揺るぎなく！

【質問9】NISAで買った投資信託に株主優待ってつくの?

NISA口座で買うか買わないかは関係なく、**投資信託の場合、個人に対して株主優待はありません**。投資信託はたくさんのお客さまからの資金を預かり(信託財産)、それを信託銀行が保管・管理。その信託銀行名義で、売買を行います……というと、「え? 私たち個人のお金なのに銀行名義?」と思われるかもしれませんが、投資した人たちの資金は分別管理されており、運用以外で使われることはないので、ご安心ください。

ともかく投資信託に入っているたくさんの会社の株主は、信託銀行になり、株主優待や配当金が送られます。その後、投資信託を買った個人の信託財産へと移ります。物品の株主優待の場合は、投資信託協会の取り決めに従い、換金できるものは換金して信託財産へ組み込まれる仕組みです。

CASE STUDY 10

私の周囲では「NISAは怖いよ、損したよ」。だから怖くて、利用する気になれません……

会社の上司や友人は、新NISAで投資デビュー。だけど、みな「NISAだって損をするよ、怖いよ」。老後資金は心もとないし、非課税だし、ぜひNISAしたいのにどうしたものだか。（シノブさん　57歳　契約社員）

A 「怖くない投資」にチャレンジしましょう。「つみたて投資枠」を利用してつみたて投資がおすすめ。

シノブさん、NISAデビューを検討中の貴女を、お金のプロのFP山口は全面的に応援します！

周囲の方々は、もしかしたら2024年に新NISAに切り替わったところで、投資をスタートされたのでしょうか？ そして、8月5日に日経平均株価が前日比で4451円も大暴落して、慌てて売却された？ やっぱり。

私のお客さまにも、65歳で新NISAデビューの方がいます。大暴落のときご不安ではないかと電話したところ、「ご心配なく～。つみたて投資だから、むしろたくさん買えているのでワクワクしてます♪」と余裕しゃくしゃく。

そうなんです。1社の株をど～んと買うのではなく、定期預金のように毎月一定額のお金で、世界中の会社の株や債券などを買っていく「つみたて投資」ならば、日経平均株価ががっくり落ちても逆にうれしくなるのです。詳しくは8章をご覧ください。目からウロコをお約束します！

RECOMMEND

新NISAの「つみたて投資枠」

非課税枠でプロ特製の「投資の福袋」を毎月買う安心投資法！

薔薇色老後

爆走中

75歳、自転車と優待券が相棒！

テレビ番組の『月曜から夜ふかし』でおなじみの桐谷さん。お仕事でご一緒させていただいて、もう10年以上になります。優待銘柄約1000銘柄、資産６億円！　億り人中の億り人ですが物を大事になさいます。

飲食店の使い捨てのお箸も、きれいなものならお持ち帰りに。ある日は、海水浴のあとのシャワー代がもったいないと、炎天下にそのまま自転車でお家まで！

そんな桐谷流投資術は、実にシンプルです。「株主優待銘柄が安くなったときに買う」。難しい銘柄分析はおろか、業態すらわからなくても平然。「初心者なら、３万円くらいで買える銘柄を、いくつか買うといいですよ」とニッコリ。効率よく優待券を利用しようと自転車をかっ飛ばすおかげで、「下半身の筋力は20代並み」の桐谷さんの老後には、1000株の薔薇が咲き誇っています♡

マイルールにのっとり
疾走する薔薇色老後に幸あれ！

第8章

NISA口座を開設。実はてこずる人も多いので、徹底解説します

NISAで投資したいのに口座開設が面倒？ならば手取り足取りお教えしましょう！

これまでの話で、「私もNISA始めてみようかな？」と思われた方も多いでしょうが、その中には「前もNISAしようと思ったけど、なんだか手続きが面倒くさそうでやめたのよね」という方もいらっしゃるのでは？

この章では、NISAを始めるにあたって必要な、NISAの口座開設の方法をご説明しましょう。**実際に手続きした方がつまずいたポイントを余さずピックアップ**するので、手続き関係が苦手な貴女も大丈夫！

【NISA口座を開けるところ】

証券会社、銀行、労働金庫、信用金庫などの金融機関

ＮＩＳＡを始めるのに必要な**「ＮＩＳＡ口座」は、証券会社、銀行、労働金庫（ろうきん）、信用金庫（しんきん）、ＪＡバンクなどさまざまな金融機関で開設**できます。

なお、ＮＩＳＡを利用するためには**「ＮＩＳＡ口座」以外に、投資の取引専用口座が必要です**。証券会社は「証券総合口座」、銀行では「投資信託口座」です。いずれも、ＮＩＳＡ口座開設と同時につくることができます。

ひとつ気を付けたいのは、**「ＮＩＳＡ口座は年に一度しか変更できない」**ことです。ＮＩＳＡをスタートしたあと、「やっぱり近くの銀行にしようかな」と思っても、その年すでにＮＩＳＡ口座での買い付けを行っていたら、翌年にならないと変更できません。その点をよく考えて選んでください。

では、口座の開き方。**実際の金融機関の窓口を訪ねる**か、**インターネット上で手続き**します。用意するものは、１２６ページをご参照ください。

（ NISA口座開設に必要なもの ）

非課税適用確認申請書 兼　非課税口座開設届出書	金融機関でもらえる（ネット申し込みの場合は郵送されてくる）
本人確認書	パスポート、国民年金手帳、運転免許証、保険証、印鑑証明書、住民票など、氏名・住所・生年月日の記載があるもの
マイナンバー確認書類	マイナンバーカード（個人番号カード）か通知カード、または個人番号が記載されている住民票の写し
印鑑	シャチハタ印やスタンプ印、ゴム印は不可。また、家族で同じ印鑑は使えない。印鑑がいらないところも
銀行印	銀行窓口で手続きする場合。その銀行の普通預金口座の銀行印を持参
通帳やキャッシュカード	証券会社で、証券総合口座の申し込みを同時に行う場合に必要

【NISA口座開設時の注意】マイナンバーカードがないときは、住民票を用意

右にNISA口座の開設に必要なものを挙げましたので、参考にしてください。また、ネット申し込みでは書類のやりとりは郵送か、サイト上のボタンを押して完了する場合もあります。

なお、**2016年から証券総合口座、特定口座（131ページで解説）、NISA口座などを開設するときには、マイナンバー（個人番号）の提示が必須**となりました。マイナンバーカードをお持ちでない方は、別途、マイナンバー記載書類を用意してください。通知カードを紛失している方は再発行できないため、市区町村役場で個人番号が記載されている住民票を発行してもらいましょう。また、提出するマイナンバー確認書類によっては、追加の本人確認書類が求められることもあります。

申請書類にはいくつか押印しますが、**ＮＩＳＡ口座開設には税務署のチェックが入るため、シャチハタ印はＮＧ**。そもそもシャチハタ印は、公的な書類への押印に用いられません。

１００円ショップの印鑑でも使用できます。古くて一部が欠けた印鑑は不備になることがありますので、事前に印鑑の状態をよく確認しておくと安心ですね。その他、押し忘れ、押印のかすれにもご注意を。

なお、**銀行で手続きするのなら、ＮＩＳＡ口座に連動させる普通預金口座の銀行印**もお忘れなく。**証券会社で証券総合口座の申し込みもする場合、銀行口座の支店名と口座番号が確認できる通帳やキャッシュカードも用意**しておきましょう。

《つまずきPOINT1》「窓口でNISA口座を開きたいけど、あれこれ営業されそうで」

私のお客さまにも、「ハンコ押したり書類を書いたり、うまくいった試しがない！」という方がいらっしゃいます。

「ならば、銀行や証券会社の窓口で、説明を受けながら手続きをしたらどうでしょう」とおススメするのですが、「窓口で強く営業されたら、余計なものに入ってしまいそうで」と不安そう……。

どうかご安心ください。現在の金融機関は**無理な勧誘はしないなど、お客様本位の業務運営が徹底されています**。万一、「ずいぶん強引だな」と感じたら、お客様センターなどに「コンプライアンス違反です」と伝えればいいのです。

《つまずきPOINT2》
「まだ投資への不安が……。このモヤモヤで先に進めない！」

もちろん金融機関の窓口やネットのコールセンターでも、不安や疑問に丁寧に答えてくれます。「説明を受けたら断りにくいから」と躊躇するなら、一社に偏らない協会の個人向け相談の窓口を利用するのもよいでしょう。

日本証券業協会（全国の証券会社による社団法人）
「NISA相談コールセンター」0570-023-104
平日9時～17時（祝日と年末年始を除く）

《つまずきPOINT3》
NISA口座を開きたいのに、「特定口座か一般口座」と言われても？

NISA口座を利用するには、NISA口座以外にも投資専用口座が必要。

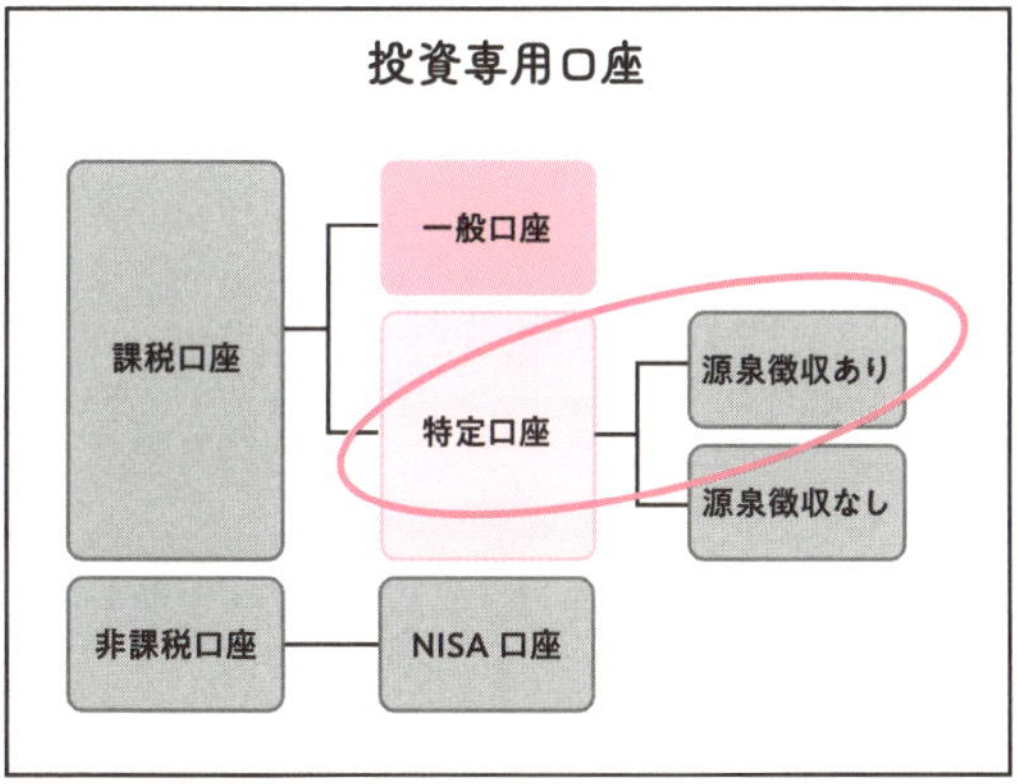
投資専用口座
課税口座
一般口座
特定口座
源泉徴収あり
源泉徴収なし
非課税口座
NISA 口座

その**投資専用口座には「一般口座」と「特定口座」**が。ややこしいので、上の図をご覧ください。

最もラクな**「特定口座（源泉徴収あり）」**が私のおススメです。うっかり特定口座の源泉徴収「なし」にしてしまうと、NISA口座以外の取引は確定申告をして、税金を納めなくてはいけません。

配当金の受け取りは「株式数比例配分方式」を選んで！

CASE STUDY 11

私は専業主婦。自分の口座にへそくりがあるくらい。NISA口座開けますか？

私はずっと専業主婦で、自分の口座にへそくりが少しだけあり……。こんな私でも、NISAで投資を始められますか？　証券会社のコールセンターに聞くのは、なんだか恥ずかしくて。（ナギサさん　49歳　専業主婦）

A　NISA口座開けます！　コールセンターは貴女の味方。何でも聞いてみて。

ナギサさん。ご主人のお給料をやりくりして、ご自身のへそくりでNISAデビュー、立派です。

証券会社の口座開設の際には、金融資産やご主人の勤務先や役職を入力する欄もあり、記入を求められます。これは、証券会社がお客様の知識や金融資産に合った商品を勧めるための情報収集。そしてもうひとつには、インサイダー取引※1にならないように在籍している会社を確認するためです。つまり、専業主婦だからといって、ＮＩＳＡ口座開設が却下されることはありません。どうぞご安心ください。

楽天証券やＳＢＩ証券などは、毎月１００円からつみたて投資ができます。ぜひやりくりして、ご自身の資産を増やしましょう。わからないことは、遠慮なくコールセンターに聞いてみてくださいね。

RECOMMEND

コールセンターになんでも相談

コールセンターはＮＩＳＡデビューをやさしくサポート！

※1　インサイダー取引とは、インサイダー情報（会社に関する未公表の情報）を知ったうえで、利益を得ようと株を売買すること。

CASE STUDY 12

いつもの取引銀行の担当さんに勧められた投資商品……これって何？

おかげさまで私は、子どものころからお金に困ったことはなく、今も貯金や投資は、付き合いの長い銀行に丸投げです。でも、ふと疑問が。私が買ったこの投資の商品は何なんでしょうか？（チエミさん　57歳　自営業）

A 投資商品の名前の付け方には法則があります。解明できなければ、銀行の担当さんに聞いてみましょう。

チエミさん、おおらかでいいですね。チエミさんのように、何か買ったことはわかるけど、何なのかわからない人とても多いのです。それは間違いなく「投資信託」。「投信」や「ファンド」とも呼ばれます。

銀行で投資信託の販売が始まった当時、行員さんも「リスクがあります」ばかりを繰り返し及び腰でしたが、今では積極的に営業なさいます。

投資信託は、名前からどんなものか推測できます。会社名・シリーズ名＋投資先＋分配金などの順番になっていることが多いからです。「eMAXIS《イーマクシス》 Slim《スリム》 全世界株式」なら、eMAXIS《イーマクシス》 Slim《スリム》というシリーズで、全世界の株に投資。「イーストスプリング・インド消費関連ファンド」なら、イーストスプリング・インベストメンツという運用会社で、インドの消費関連株式に投資。買うときに渡される目論見書《もくろみしょ》を見ると、特徴がわかります。わからなければ担当さんに電話ですね！

RECOMMEND

銀行の担当者さん

不明なことは何でも質問して教えてもらおう！

薔薇色老後

実践中

58歳、ワイルドライフしながらNISA

ご主人の定年とともに、突然田舎に移住した友人。海釣りに行けば、「いったい何日分？」というくらいの大漁。里山をともに散歩すれば、「あ、この実は食べられるよ」。春は青空の下、黄色い花の菜の花らしきものを、むしゃむしゃ。「オオアラセイトウも食べられるし、くるみも落ちているし、秋はきのこも！」。野性味あふれる野バラ的薔薇色老後です。

菜の花を食事中の彼女に、私は語りかけました。「だけど、お金もどこかで必要になるでしょう？　寝かせておくだけでいい、投資信託が貴女にはぴったりだと思うわ」。そして、りんごと卵の法則（137ページ～）を解説すると、「おお、それはいいね」と、さっそくNISA口座を開き、積み立てを始める彼女の行動力たるや……薔薇色以外の何物でもありません♡

自給自足＋NISAの
ハイブリッド系薔薇色もアリ

第9章

「NISAだろうが投資は損しそうでイヤ！」という方へ。りんごと卵の法則を教えます

同じ投資でも「株式」と「投資信託」は別キャラ。「貴女がすべきこと」がまるっきり違います。

薔薇色老後生活にふさわしい投資商品は「株式」「債券」「投資信託」の3つです。すでに「債券」は、「個人向け国債」を例に挙げてご説明しました。ここでは「株式」と「投資信託」では商品の性質が違うことをお話ししましょう。ではまず、株式から。

ある日のニュースで「○社が画期的新技術開発、株価はストップ高！」。その数日後、「○社で法令違反が発覚、株価大暴落！」。株主さんは、生き物のようにのたうち回る**株式チャート（株価の値動き）に、赤くなったり青くなったり……**。ざっくり言うと、株式はこんな感じ。だから最初にマイルール（117ページ）を決めておかないと、暴落のときに慌てます。

テレビ番組『月曜から夜ふかし』でおなじみ、株主優待だけで悠々自適な老後生活を送っている資産6億円の桐谷さんも、「値上がり益を狙う猛獣狩りのような投資は難しいです」。リーマンショックで大損し、「農業のように毎年優待品がもらえる優待投資がいい」と考えるようになったそうです。

同じ投資でも「投資信託」の「つみたて投資（毎月決めたお金で買う方法）」の場合、日々の株価に敏感になる必要はありません。**毎月自動引き落としで、定期預金のように一定の金額で投資信託を購入し、あとは10年、最低でも5年は放置**します。

「そうは言われても、値動きが怖いし、値下がりとかしたら眠れなくなりそう」という方に、枕を高くして寝られる**「長期・積立・分散」**投資についてお話しします。

投資信託は、p.162へ

●安心投資のお約束「積立・長期」
【りんごの法則1　一括購入せず、毎月同じ金額で購入】

ではこれから、**なぜ「長期・分散・積立」が安心投資なのか**を説明します。まずは、「積立」の仕組みから。「簡単すぎる！」とお叱りを受けるほどやさしく、投資信託をりんごに見立てる方法でお話ししますね。

さあ、これから毎月、高級りんごを買います。りんごの価格は毎月変わります。ぜんぜん難しくないですよね？　予算は3万円です。

最初の月、りんご価格は1万円でした。3万円で3個のりんごを一度に買う「一括購入」したヨシコさん。ヨシコさんが、1万円で買った3つのりんごを5000円の値のときに全部売ったら、1万5000円になります。当たり前ですね。**一括購入は、りんごの価格と運命共同体**です。

（一括購入はりんごの価格と運命共同体）

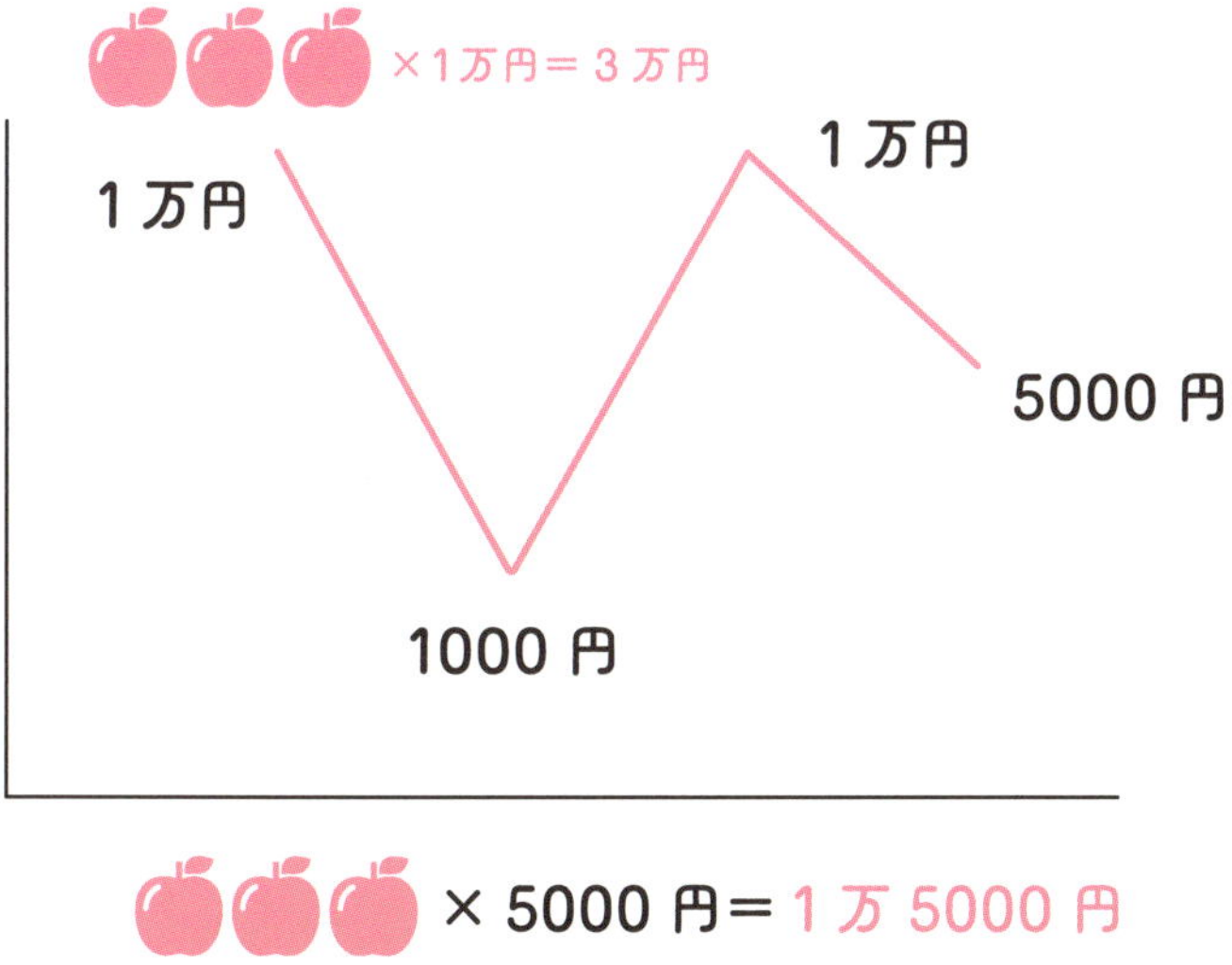

●安心投資のお約束「積立・長期」
【りんごの法則2　長期間積み立て続ける】

次に、貴女はりんごを毎月1万円ずつ買っていきましょう。最初の月は1万円なので1個。翌月はたくさん採れたのか、1000円だったので10個買えます。3か月目は1万円に戻り1個。この時点で、貴女は12個のりんごを持っていて、私は貴女にお願いします「りんごを1個5000円で私に全部売ってください」。私は貴女に、**12個×5000円＝6万円**を渡します。

貴女の3万円は、6万円になりました。なぜ!? ここがつみたて投資の中で、いちばん大事なところです。一括買いは、りんごの価格と運命共同体。毎月買う方法（つみたて投資）は、**りんごの「数」と「価格」で決まるのです**。つまり**つみたて投資とは、りんごの数を積み立てる投資法**なのです！

つみたて投資とは りんごの数を積み立てる投資法

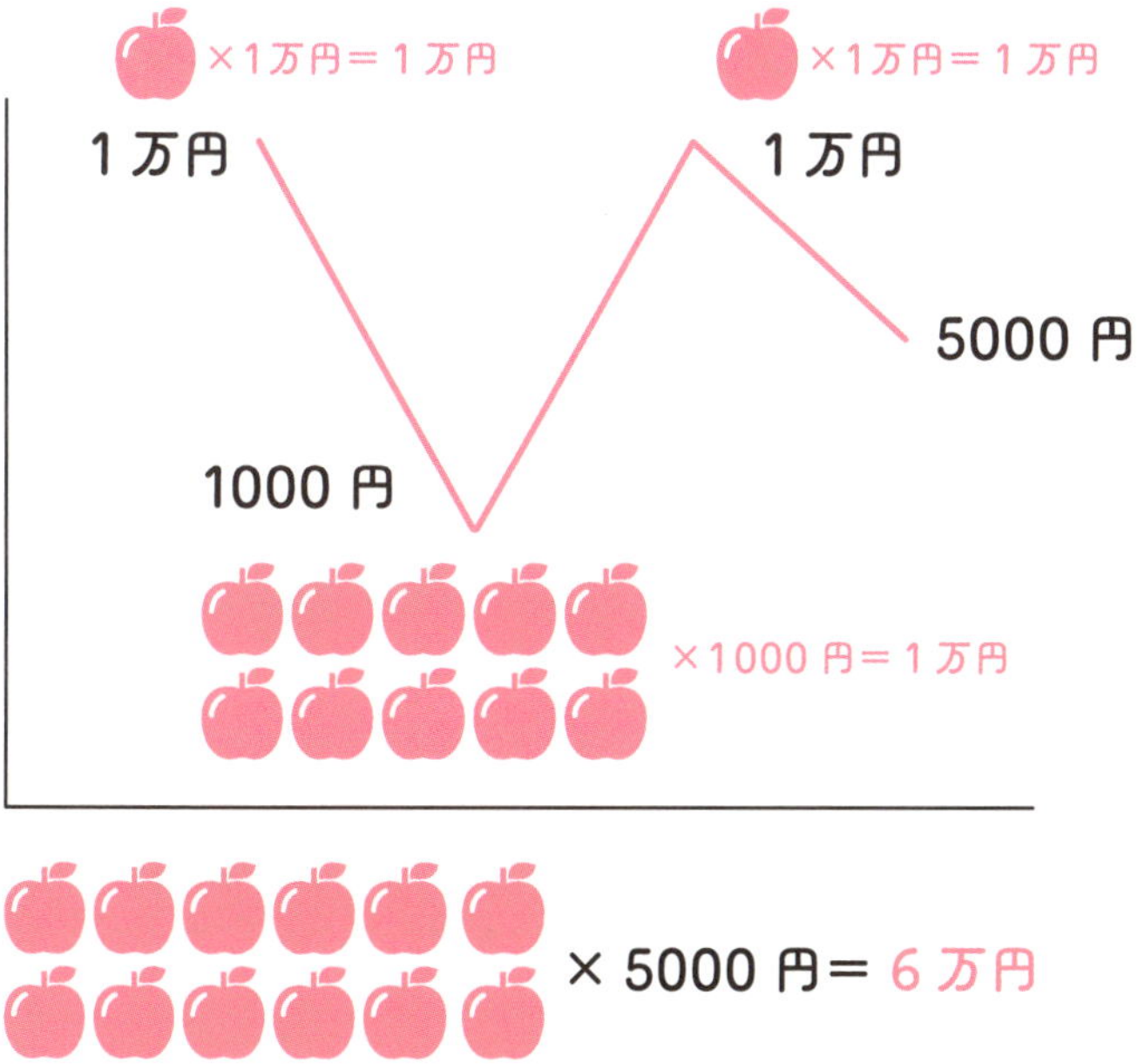

りんごの数が毎月増える

つみたてを続ければ、確実にリンゴの数は増えます。
価格が下がっても問題なし。数が増えることが大事！

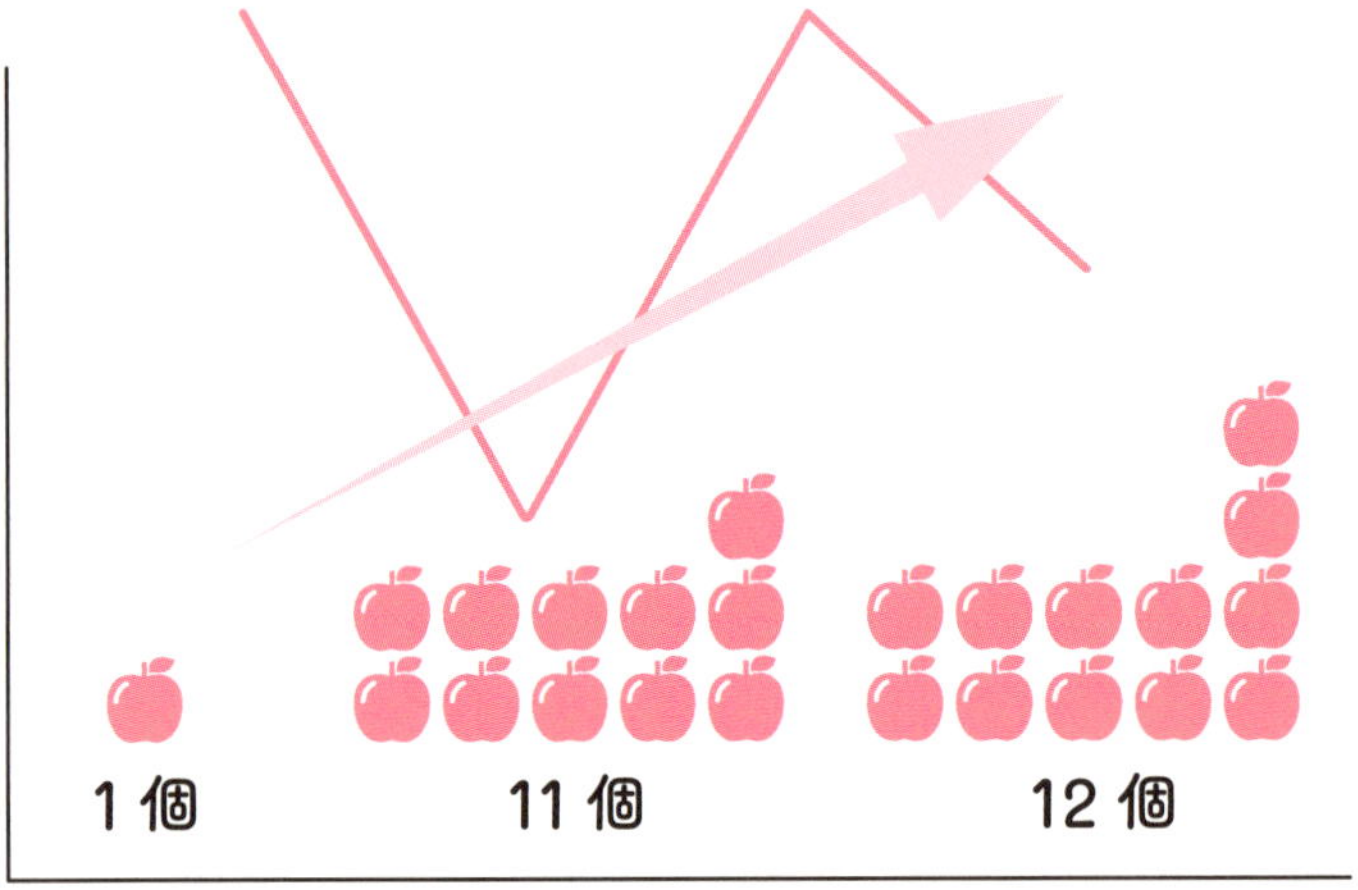
1個
11個
12個

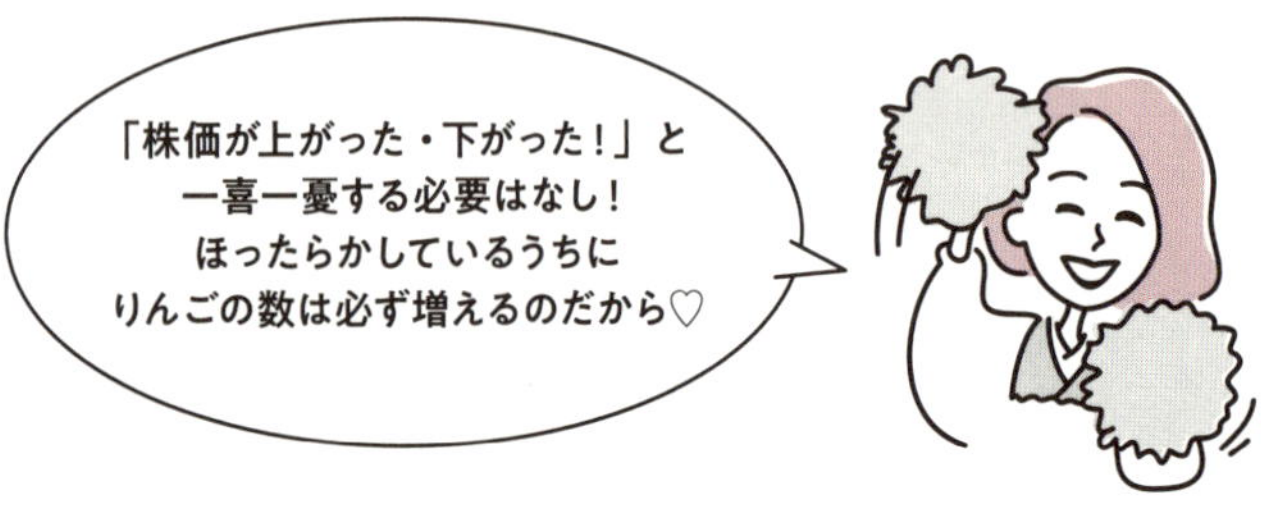
「株価が上がった・下がった！」と
一喜一憂する必要はなし！
ほったらかしているうちに
りんごの数は必ず増えるのだから♡

「長期・積立・分散」投資のシミュレーション例

2003年1月～2022年12月の毎月末に
主な株式指数に1万円のつみたて投資をした場合

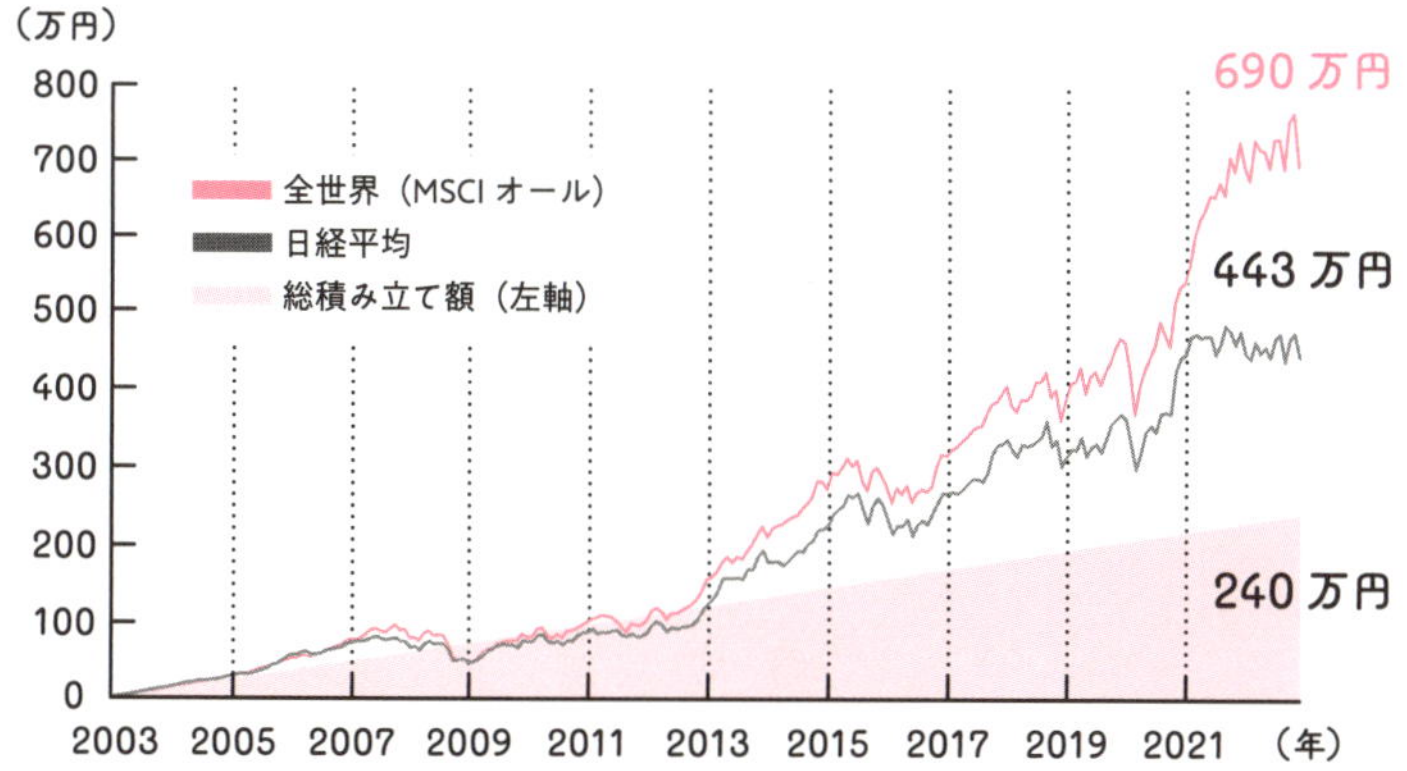
(万円)
800
700
600
500
400
300
200
100
0
全世界(MSCIオール)
日経平均
総積み立て額(左軸)
690万円
443万円
240万円
2003
2005
2007
2009
2011
2013
2015
2017
2019
2021
(年)

※ Bloomberg(ブルームバーグ:金融テクノロジー企業)のデータを基に、金融庁が作成したグラフを加工し、製作。
※税金・手数料等は考慮せず。将来の運用成果を保証するものではありません。

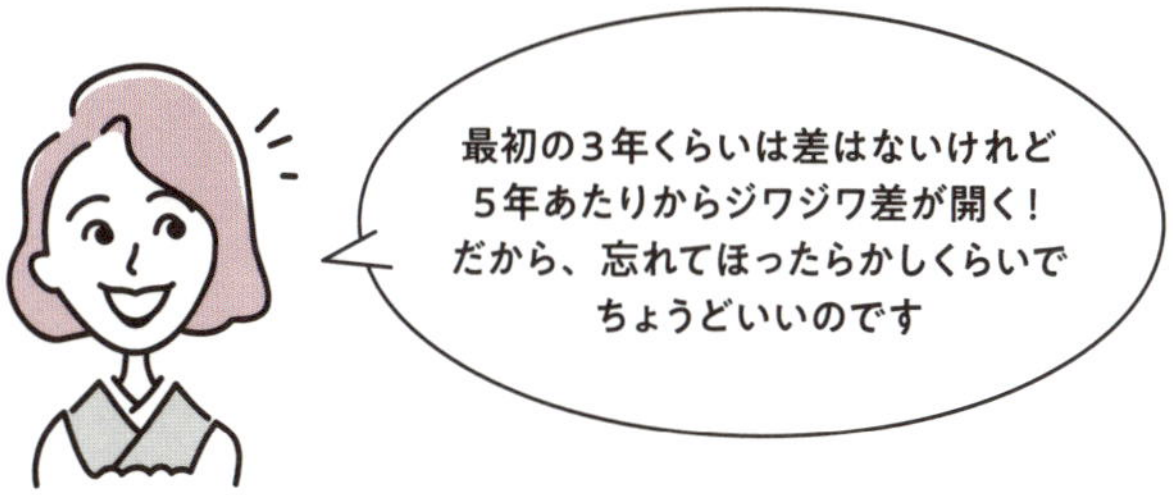
最初の3年くらいは差はないけれど
5年あたりからジワジワ差が開く!
だから、忘れてほったらかしくらいで
ちょうどいいのです

●安心投資のお約束「分散」
【卵の法則　投資先を分散】

今度は卵。卵を1つのかごに盛ると、落としたら全部割れてしまいます。だから、「卵を1つのかごに盛るな」できるだけ分けよう。**古くから伝わる投資の格言が「卵の法則」**です。もし、貴女が1社だけに投資。それなのに倒産してしまったら？　毎月買っていたりんごは、瞬間蒸発……**世界中の会社の株や債券をミックスし、リスクを分散させるのが肝心なのです**。

昔、山一証券という会社がありました。毎月の持株会で、自社株をコツコツ買っていた社員さん。株価が下がったので買い増したのに、なんと会社が倒産！　仕事も資産もなくしてしまったのです。優秀な社員さんたちは、今もご活躍中ですが、卵の法則の怖さを教えられた出来事でした。

投資の格言！　卵の法則
「分散」すれば卵は全部は割れない

1つのかごに買った卵を
全部入れる
できるだけたくさんのかごに
卵を分ける
ひとつのかごを落とすと……
あーあ、卵は全滅。
割れたのは１つのかごの
卵だけ！　よかった〜

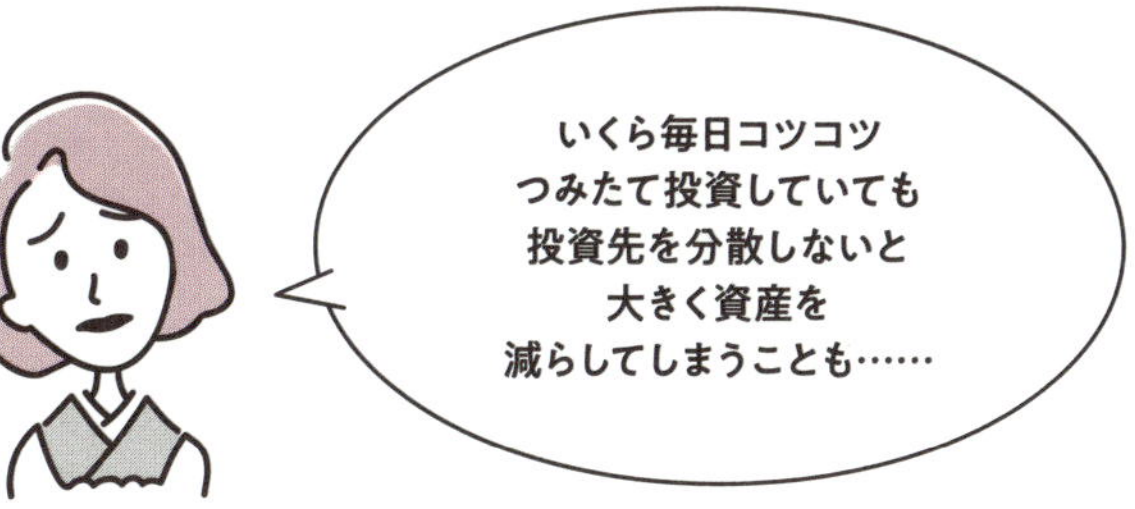
いくら毎日コツコツ
つみたて投資していても
投資先を分散しないと
大きく資産を
減らしてしまうことも……

「一括買い」の人には心臓に悪いチャートも
つみたて投資ならラッキーチャートに！

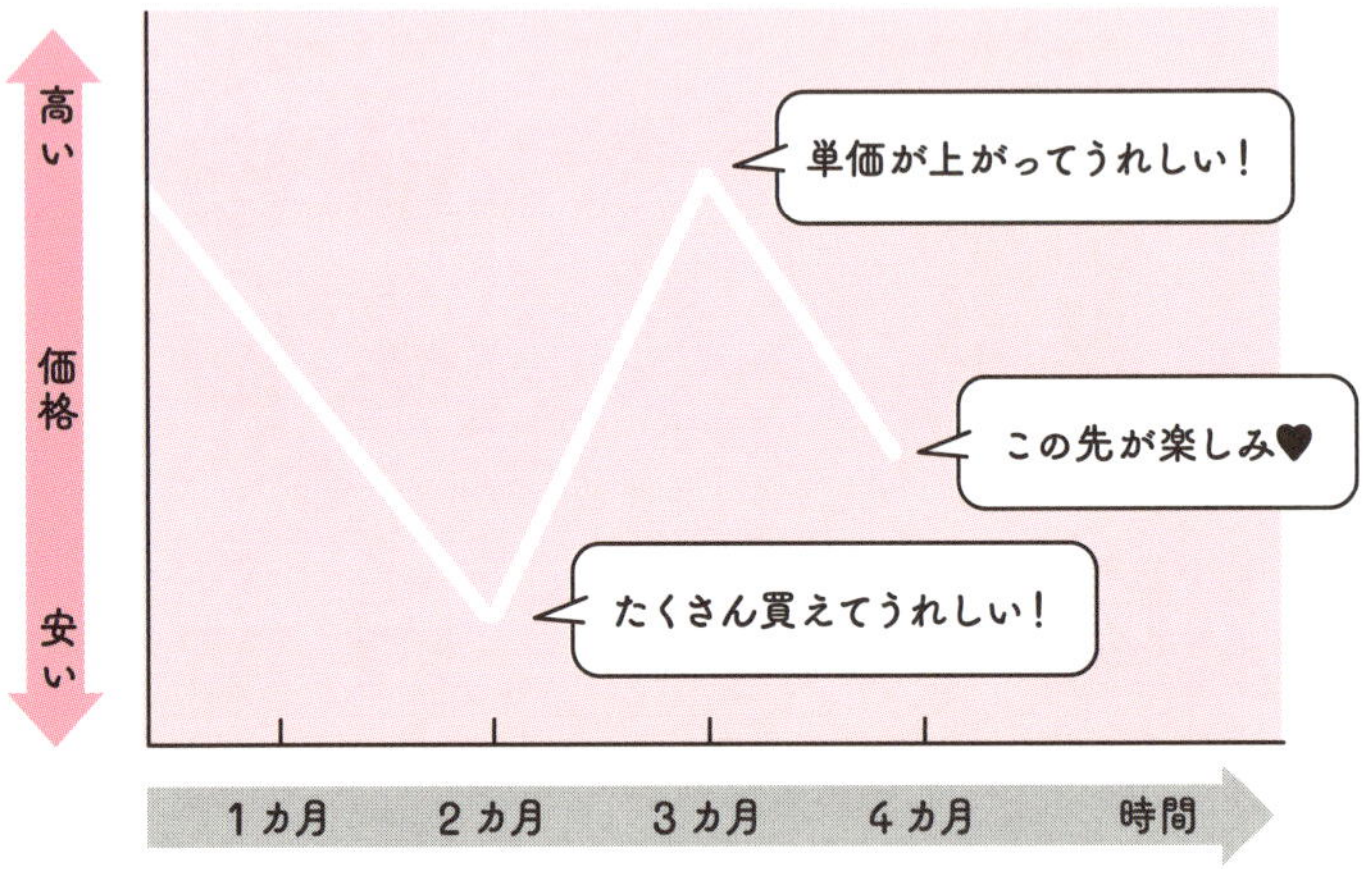

「株は大暴落したりするから怖い」。でも「長い目で見れば右肩上がり」になるのです

突然ですが、貴女にひとつ質問させてください。貴女の未来は？

1．江戸時代のように馬で移動
2．自動運転の車で目的地まで、スイスイ移動

どちらになると思いますか？

もし貴女が1の馬を選んだなら、投資はしないほうがいいでしょう。なぜなら、自動車会社も鉄道会社もなくなり、世界経済は破綻するなら投資をしたお金は紙くずになります。今すぐ、自給自足できる暮らしにシフトするべきです。実際に、私の友人でヤギを飼っている人がいます。

「いや、2のようにもっと便利な世の中になる！」と考えている人は、投資

をすべきです。株価は「企業の利益と期待値」で上がります。安心・安全・便利なサービスを提供してくれるのは、世界中の企業。成長する企業にお金を預ける＝投資をすることで、期待値と一緒に自分のお金を増やせます。

「嘘！　バブルにリーマンショック、令和のブラックマンデー、突然、暴落するじゃない！」。正解です。**何年かに一度、びっくりするような株価の大暴落が起こります**。では、そのままずっと右肩下がりになるでしょうか？　それが意味するのは、世界中の全企業の倒産です。安心・安全・便利なサービスや商品を提供する企業は全滅、馬で移動する世の中になることです。

しかし実際には、いろんな要因で一時的には**がっくり下がった株価もゆるゆると上がり、やがて大暴落前より高くなる**のです。いいえ、私の妄想ではありません。次ページをご覧ください。

日本＆世界が激震しても世界経済は成長し、株価は右肩上がり！

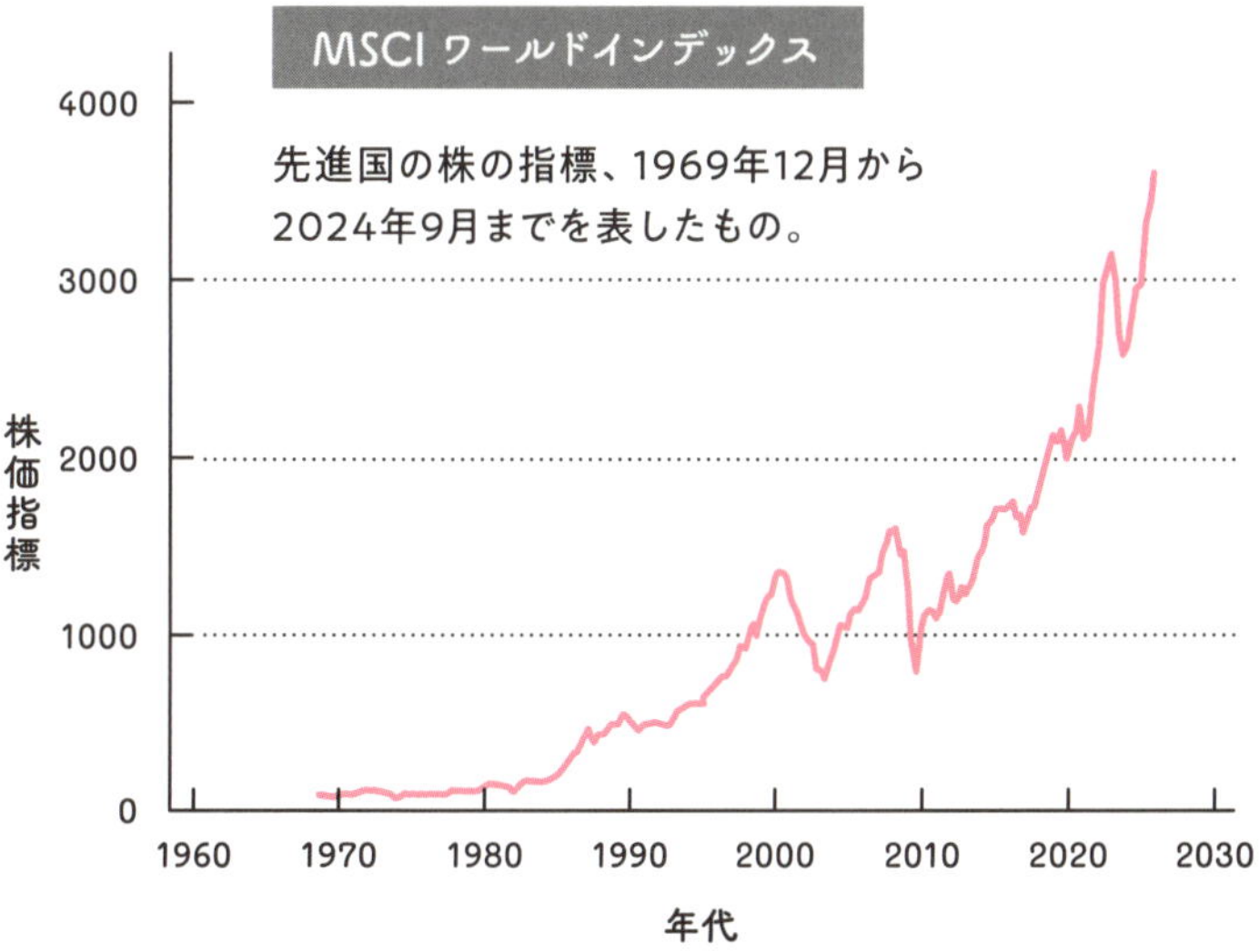

　出典：MSCIのホームページより作成

CASE STUDY 13

私の夫はザ・昭和の頑固親父で投資が大嫌い。「額に汗して働けや！」と交渉の余地なし

ともかく頑固で人の話を聞かず、この令和の時代に昭和を生きる我が夫。「老後のために投資を始めましょうよ」と言っても即却下。夫は「額に汗して働いているんじゃ、なんとかなる！」と日本酒をグビッ。何の根拠があって言ってんのか……（遠い目）。（マサヨさん　52歳　パート勤務）

A 夫とマサヨさんで分散投資ストレスなくお金を増やせます！

マサヨさん、働き者のいい旦那さんじゃないですか！　薔薇色の老後計画に、旦那さんも巻き込んじゃいましょう！　楽しい目標がなければ、人はテ

コでも動かないもの。「老後は2人で日本中の酒蔵を巡りましょうよ」って、「酒蔵」という2人共通の目標&合（愛）言葉をつくるんです。

ご主人には、資産形成の土台、普通預金と定期預金を担当してもらいましょう。そして、マサヨさんが、投資担当。2人のお金を全部合わせると、見事な資産配分になるというわけです。マサヨさんのへそくりやお給料を毎月、NISAの「つみたて投資枠」に投入。自分でネット証券やロボアドバイザー使って始めるか、よくわからないと思ったらお使いの銀行の窓口に行って、「つみたて投資枠で、世界中の株に投資できる投資信託を買いたいです」と言ってみてください。毎月無理のない金額で酒蔵をめざしましょう。

RECOMMEND

「酒蔵」を合（愛）言葉に&銀行の窓口

薔薇色老後計画を共有し、サクッと投資デビュー。

CASE STUDY 14

現在、貯金は1000万円。老後資金として速攻で2000万円にしたいが方法はある？

やっと老後資金が1000万円になりました。でも気づけば60歳目前、老後はすぐそこです。これを元手に、一刻も早く2000万円にする方法を教えてください！（ジュンさん　59歳　パート勤務）

A ヒントは「いつ・いくら・どん」。投資詐欺にご用心！

ジュンさん、老後資金に1000万円の貯金！　ご立派です。でも一刻も早•く•、2000万円にする必要がありますか？　ジュンさんみたいな方は、「1年で倍に！」なんて投資詐欺の被害にあいやすいので、どうかご注意を。

お金を増やすには、いつまでに、いくら、どんな方法で増やすのかを明確にすることが大事です。略して「**いつ・いくら・どん**」。70代前半の3割が働く今※1、仮に「**いつ**まで?」75歳までに、「**いくら**?」2000万円なら、「**どん**な方法で?」は、貯金の半分500万円を資産形成の土台、普通預金と定期預金などに入れ、残りの500万円をNISAの「成長投資枠」で運用。さらに、毎月のお給料から3万円ずつ、「つみたて投資枠」で運用すれば、16年後に2000万円も夢ではありません。

いずれも、世界株の投資信託や、1つの投資信託で債券などがミックスされた、バランス型ファンドが候補になるでしょう。

RECOMMEND

投資信託のバランス型ファンド

まとまった資金がある方は、即効性の高い一括投資も可能。

※1「総務省労働力調査」(令和4年)

薔薇色老後（？）

実感中

自称28歳、東南アジアの発展を心から願う

もし、海外青年協力隊的な社会貢献を想像なさったのならすみません！　私の知人に、「自称28歳のトヨコさん」という方がいます。この方の本業はナレーションやボイストレーニングなど声のお仕事です。

なのに、なぜか大枚をはたき、ベトナムのドンとインドネシアのルピーを購入。その決断に私は思わず「それは『珍味投資』ね」と言ってしまいました。主食でもなく、副菜にもなりえない、珍味。それくらいのニッチな投資をする彼女の感性がすごい！

そして彼女は、後悔することもなく、東南アジアの紙幣の山を維持し、本を出して大ヒット。また会社設立など、年を重ねるごとに素敵な活動を展開中。薔薇は世界中で咲き誇っていますが、トヨコさんの薔薇も東南アジアで大輪の花を咲かせますように♡

これが私の道！
そう、それが薔薇色の道！

第10章

薔薇色老後へ一直線！「投信つみたて」で右肩上がりの法則を実践！

老後資金におすすめのドキドキしない投資法。NISAで投資信託をコツコツ買う！

ここまでのお話を、改めてここでピックアップしてみましょう。

①健康的に過ごせる〝健康寿命〟まで、60歳から約15年しかない！
②老後にはぜひ貴女の夢を叶えよう！　そのためのお金を考えよう。
③老後の暮らしには、年金だけではなく「＋α」が必要になる人が多い。
④「＋α」分は、働く・貯蓄の切り崩し・投資などお好みで。
⑤「使う口座」「貯める口座」「増やす口座」で老後資金を確実につくる。
⑥元本割れしない怖くない投資もある。
⑦りんごと卵の法則なら怖くない。
⑧投資する・しないは貴女の自由。

FP山口としては、貴女の老後を充実させるために投資を推奨します。私のところに個人面談に訪れる方々は、ほぼ100%投資をスタートされます。誤解しないでください。**私は「投資しないとダメ」なんて言いません**。

ただ、投資は決してギャンブルではなく、怖くない投資もあること。りんごと卵の法則で株価が下がってもドキドキ不要で、より投資しやすいように制度が整備されていることなどをお話しします。すると、**凝り固まってカチコチの〝昭和の金融常識〟の呪縛が解ける**のです。

もし貴女の「使う口座」に生活費の3カ月分が入り、「貯める口座」の定期預金も目標額に到達したなら。**定期預金と同じく自動引き落としでラクチンな「投資信託のつみたて」**を始めてみてください！　詳しくは次ページをご覧あれ。

りんごと卵の法則はp.137へ

file 02

投資信託

ビギナーおすすめ度	★★★★★
山口的「彼氏」キャラ	

- ワールドワイドに活動中。成長をゆっくり見守りたいボーイズグループ！
- 一人ひとり個性は違うけど皆魅力的!
- 「投信」「ファンド」とも呼ばれる

プロフィール

プロフィール	どうやって投資するの？	注目！ 一括購入、もしくは **口座から自動引き落とし**
	どうやってつくられるの？	**ファンドマネージャーが世界中の株や債券などをパッケージ化**
	どこでつくられているの？	投資信託運用会社
	商品の特徴は？	少額で分散投資ができる
	どんな種類がある？	国内外の株や債券、不動産などパッケージのテーマによっていろいろ

利益や損失	絶対に増える? 減ることもある?	必ず増えるとはいえない 長期で続けることで損失を減らす
	どのくらい増えそう? (年率)	1~15% くらい (商品や期間により異なる)
購入の注意点	いくらから 投資できる?	1万円 (ネット証券の積み立ては100円から)
	購入の上限金額は ある?	NISAのつみたて投資枠を利用するなら 年120万円
	購入できる 年齢制限はある?	NISAのつみたて投資枠を利用するなら 18歳以上
	買える場所は?	証券会社　郵便局　銀行など
	買うときに 専用口座は必要?	必要 (NISAを利用するならNISA口座も)
	専用口座開設に かかる時間は?	1~数週間(税務署の審査が入るため)
	口座開設費は?	無料
	買える時期は?	いつでも 一括でも、毎月(積立)でも可
売却の注意点	満期設定はある?	運用期間が無制限のものと 期間(償還)が決められているものがある
	満期時の 受け取り方は?	登録の口座に入金される
	売却できない 期間はある?	原則としていつでも売却OK 一部商品には、購入からの一定期間は 売却ができない「クローズド期間」も
	売却益が入金される までの時間は?	4~8営業日
	譲渡や相続はできる?	できる
	課税される?	NISAの「つみたて投資枠」なら非課税 その他ならば、20.315%の課税

山口のイチオシの投資アイドル。投資信託には魅力がてんこ盛り

「投資ってなんのことやらさっぱり」「どの株や債券を買ったらいいかわからない」「投資して株価が下がったら大損しそうで怖い」「投資のために割ける時間がない」「投資に回すお金なんてない」……。

はい、**投資信託の積み立て**なら、こうした投資に対する不安感、不信感などすべての「負」の感情を吹き飛ばすことができます。

そもそも**投資信託とは、投資信託運用会社がたくさんの投資家から資金を集め、投資の専門家であるファンドマネージャーが世界中の30～数千の株や**

債券などを買って運用するもの。**1つの会社の株**ではなく、**さまざまな国の株や債券などで分散投資**するスタイルです。まさに卵の法則！

数百社がパックされていれば、たとえ1社が経営不振でも、別の会社が売り上げ好調ならば問題なしですね。ちなみに投資信託なら、アップルもマイクロソフトもアルファベット（Google）もまとめて全部購入可能です。

そんな投信を積み立てで購入する**「投信つみたて」は、毎月一定額を買っていく＆長期の運用が原則＝りんごの法則！**

また忙しい方には、自動引き落としで投資ができるシステムも、非常にありがたいですよね。

そのうえ、ファンドマネージャーは世界経済の動向のみならず、企業のトップらに経営方針をヒアリングするなど徹底調査することも。私たちがまったく知らないトップ企業も、パッケージに。だから私は、投資信託のことを、**「プロが選んだ、とっておきの投資の福袋」**と呼んでいるのです！

りんごの法則はp.140、卵の法則はp.146へ

数多い投資信託の中から推薦。NISA×世界株投資信託×積み立ての商品はコレ！

一般社団法人 投資信託協会によると、2024年8月末で5836本の投資信託があるそうです。その中から貴女に適した投資信託を、ご自身で勉強して選ぶのは至難の業でしょう。証券口座やNISA口座を開いた金融機関で、いろいろ相談してみてください。貴女の投資に充てる金額や資産状況などに鑑み、適切なアドバイスをくれるはずです。

今、投資の世界では**「オルカン」**に注目が集まっています。こちらは「オール・カントリー・ワールド・インデックス」を略したもので、**全世界の株式に国際分散投資ができるスグレモノ**。オルカンも相当数販売されていますが、他にも人気の同じような投資信託を左の表にまとめました。

（ NISA×世界株投資信託×積み立て ）

商品名	運用会社
たわらノーロード　全世界株式★	アセットマネジメントOne
野村つみたて外国株投信	野村アセットマネジメント
eMAXIS Slim 全世界株式（オールカントリー）★★	三菱UFJアセットマネジメント
eMAXIS Slim 全世界株式（除く日本）★★	三菱UFJアセットマネジメント
SBI・全世界株式インデックス・ファンド★	SBIアセットマネジメント
楽天・全世界株式インデックス・ファンド★	楽天投信投資顧問
つみたて全世界株式	三菱UFJアセットマネジメント
全世界株式インデックス・ファンド	ステート・ストリート・グローバル・アドバイザーズ
はじめてのNISA・全世界株式インデックス★★	野村アセットマネジメント
三井住友・DCつみたてNISA・全海外株インデックスファンド	三井住友DCアセットマネジメント

※信託報酬や経費率などから、特に注目の投資信託に「★」を付けました。

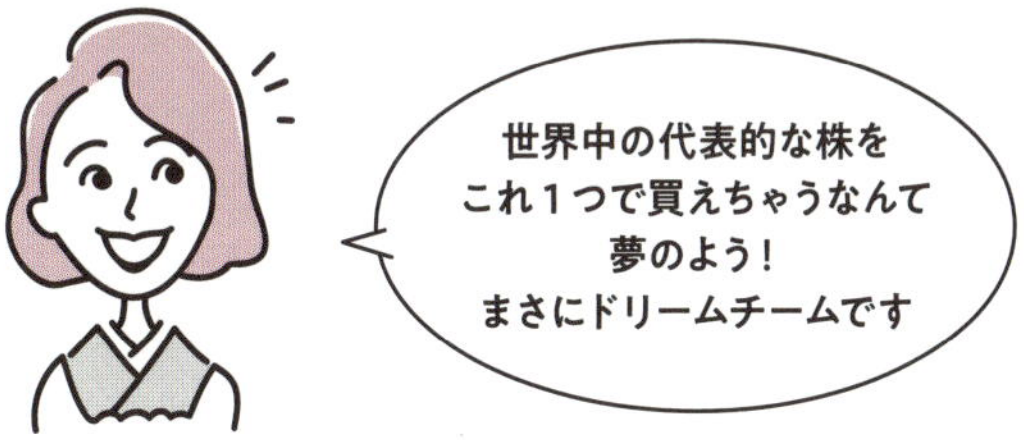
世界中の代表的な株を
これ1つで買えちゃうなんて
夢のよう！
まさにドリームチームです

「投資はしたいけれど、でも投資のことはわからない！」ならば、ロボアドバイザーはいかが？

このページを一生懸命読んでくださっている貴女はきっと、株価が上下したり、難しい専門用語が飛び交ったりする投資の世界を、「どちらかというと好きじゃない」でしょう。ですが、「薔薇色老後生活の資金づくりに投信つみたてをやってみようかな？」と揺れていますね？「だけど、今さら投資の勉強なんて勘弁してよ〜」というのが、本音ではないでしょうか？

そんな貴女にピッタリなのが、**「ロボアドバイザー」、略して「ロボアド」**です。ＡＩ（人工知能）を活用した投資のアドバイスと運用サービスのことです。喜んでください。貴女がどれほど投資を好きじゃなくても、投資の知識ゼロのうえ勉強をしなくても、なんら問題はありません！　人工知能がその英知をめいっぱい注ぎ、貴女に適した株や債券、不動産、金などを買い、運用し、利益を生み出すべく休みなく働いてくれます!

ひと口にロボアドといっても、大きく分けて2種類があります。ひとつは「アドバイス型」で、「これを買ったら?」と助言してくれます。無料で利用できるもので、助言後は一つひとつ教えてもらった投資信託を買います。

もうひとつは、**「投資一任型」。簡単に言えば「投資のことはすべてAIに丸投げ」**です。貴女の行うことは、最初にリスク許容度を計るアンケートに答えること、「以上おしまい!」。あとはお任せで投資が始められるので、とてもラクチンです。そのかわり、手数料が発生します。会社によって金額に差はありますが、預けている残高に対して年率1%ほどです。

ラク×丸投げ×お得をめざすなら、ロボアド×投資一任型×新NISA活用

現在、ロボアドはたくさんの会社から提供されていますが、すべてのロボアドが新NISAの対象ではありません。もし貴女が新NISAを使いたいのなら、その点に注意してロボアドを選びましょう。

次ページに挙げたロボアドは、すべて新NISAに対応しています。また「投資一任型」なので、すべてお任せコースで大丈夫です。

国内最大手のウェルスナビは、すでに40万人が利用しています。ロボアドがなかったら投資デビューできなかった人も多いでしょう。投資先に悩まなくていいロボアド、偉大です。

新NISA対応の投資一任型ロボアド アピールポイント一覧

	運営企業	アピールポイント	さらに！
ウェルスナビ	ウェルスナビ	●運用者数と預かり資産が国内最大 ●金融機関や一般企業との提携サービスも多数（例：WealthNavi for JAL）	●WAON POINT、JALマイルなどの還元（提携企業により異なる） ●クレカ積み立てもできる（WealthNavi for イオン銀行）
SUSTEN（サステン）	susten キャピタル・マネジメント	●NISA口座と課税口座を横断して運用 ●最大リスクレベルを5から7に引き上げ、さらなるリターンを追求	●運用管理費が0.12%～0.58%と安い！
らくらく投資	楽天証券	●楽天クレジットカード、楽天Pay、楽天ポイントでも購入できる	●楽天カードでクレカ積み立てをすると、決済額に応じて最大2%のポイント付与。運用管理費が0.4915%程度

ポイ活に役立ったり
キャッシュバックがあったりと
各社サービスにも個性が！

さて、ここからは、ロボアドによる投資について、よく頂戴する質問にお答えしましょう。

【質問1】ロボアドの会社がつぶれたら投資したものはどうなるの？

ご心配なく。ロボアドの会社が倒産したとしても、貴女の資産が消えてなくなることはありません。金融商品取引法により、貴女の金融資産はロボアドの会社の財産と分けて管理されています。ですから、何があろうと貴女の大事な金融資産は保護されます。

【質問2】ロボアドで証券口座をつくると自動的にNISAを活用してつみたて投資がスタートしますか？

証券口座をつくるときに、他の金融機関でＮＩＳＡ口座がなければ、ぜひ同時に開設を。**NISA口座をつくると、ロボアドによっては、優先的にNISA口座で買い付けをしてくれるところもあります**。それも、「つみたて投資枠」と「成長投資枠」を自動で振り分けてくれるので便利!

一括投資か、つみたて投資かも最初に選べます。積み立ての金額は、途中で変更可能。まずは、無理のない金額で始めましょう。

そして、よくわからない場合は、コールセンターやお問い合わせフォームで質問するといいですね。

【質問3】ロボアドで新NISAのつみたて投資をするとほんとうに適した商品を買ってくれる? 信じていいの?

ロボアドは、最初に年齢や金融資産、リスク許容度に合った資産配分を選んでくれます。中身は株、債券、金、不動産など。**「なんでこんなリスキーなものが!」などという事件は起こらない**ので、どうぞご安心を。

心から叫びます。安易に手を出さないで！ハイリスク・ハイリターンな投資

薔薇色老後に向かって投資を始めれば「私って投資できる人！」と、さらに何かにチャレンジしたくなるかも。ビギナーさんに覚えておいていただきたいのは、大きくもうかるものは、大きく損することもあるということ。例えば、**レバレッジ（てこの原理）を利用するＦＸやＣＦＤは、少ない額で大きな取引ができるのでお得に見えても、損失は瞬時に拡大**。私もＦＸで大金を溶かしました（遠い目）。一瞬で車1台分くらいのお金がふっとびます。

そして、これらの投資には詐欺が横行しているのも大問題！**金融庁に認可されていない無登録業者は、金融商品を取り扱うこと自体が違法**です。登録業者かどうかは、金融庁のホームページで確認ができます。

投資ビギナーは要注意！ ハイリスク・ハイリターンな投資

	扱う商品	投資に必要な費用	どんな取引？	ここがハイリスク！
暗号資産	ビットコイン イーサリアム リップルなど	取引所や暗号資産によって違う。1円から買えるところも。	1) 仮想通貨取引所の口座を開設し、入金する 2) 仮想通貨を購入 3) 仮想通貨を売却（決済） 4) 取引口座から自分の銀行口座へ出金	●値幅制限がないため、大もうけも大損もあり得る ●投資詐欺等のリスクが多い
FX	各国の通貨	法令で取引金額の4％以上の証拠金が必要	1) 安く（高く）なることを見込んで通貨を売る（または買う）。 2) 自分の決めたタイミングで売（買）って、1)との差を清算（差金決済）。 ※損失が一定以上になると、ロスカット（強制終了）される	●少額で大きな金額の取引ができる分、失敗したときの損失が大きい
CFD（差金決済取引）	株価指数や金、原油、株など	取引金額の5～10％の証拠金が必要	1) 安く（高く）なることを見込んで、株価指数や商品を売る（または買う） 2) 1)との差を決済（差金決済） ※損失が一定以上になるとロスカット（強制終了）される）。	●少額で大きな金額の取引ができる分、失敗したときの損失が大きい

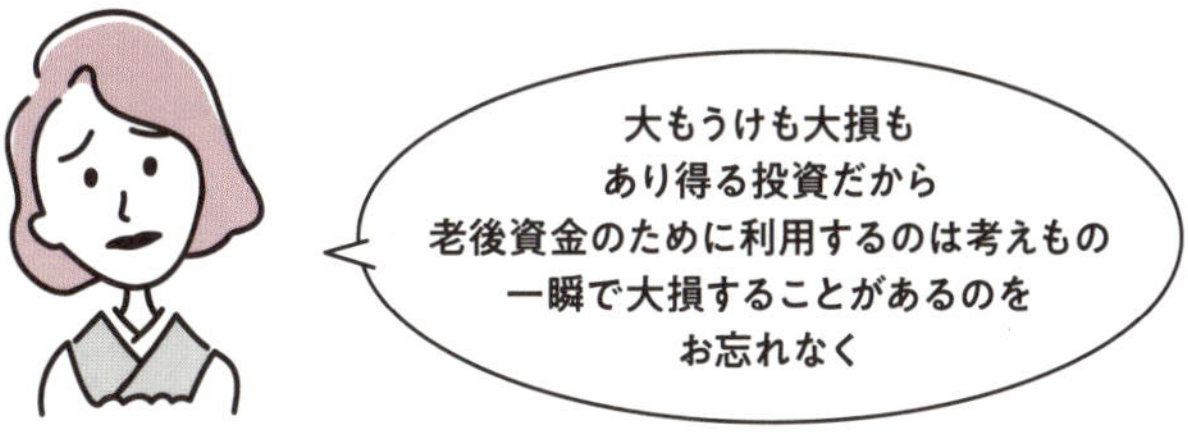
大もうけも大損も
あり得る投資だから
老後資金のために利用するのは考えもの
一瞬で大損することがあるのを
お忘れなく

CASE STUDY 15

ロボアドで投資信託を始めた途端、大暴落！　この不安、誰にぶつければいいの？

銀行預金の低金利ぶりに不安を覚え、半年前にロボアドで投資信託デビュー。そこまではよかったんですが、突然の株価暴落に真っ青。つぎ込んだお金がなくなる不安で、夜も眠れません。（ユカリさん　59歳　自営業）

A　メルマガ、セミナー、コールセンターなどロボアド会社はあなたの不安を解消する努力を惜しみません

ユカリさん。ロボアドで投資信託デビューされたんですね、熱烈応援します！　でも、株価の大暴落と聞けば、冷静ではいられませんよね。

10章でご説明したように、「投資信託は株価が下がっても放置」が正解です。

そのうち、ゆるゆると回復することを、これまでの歴史が証明しています。どうか夜はぐっすりお休みください。

また、株価が下がるなど、ユーザーが動揺する事態が起こると、ロボアド会社はすぐにアクションします。メールマガジンを発行したり、無料の緊急セミナーを開催したり。ユカリさんは、セミナーに参加して専門家に直接質問するもよし、コールセンターやメールで「こういうケースの、過去のデータを教えてください」と問い合わせするのもよいでしょう。

ロボアドだからといって、冷たく機械的な対応はとられませんから、どうぞ心安らかに！　あらゆる方法で、不安を解消してくださいね。

RECOMMEND

ロボアド会社の無料セミナーやメルマガ
不安なことは全部、質問して解消しましょう。

CASE STUDY 16

ファンドマネージャーがどストライクのイケメン♡こんな理由で投資信託を買ったら怒られますか？

はっきり言います。私、イケメンが大好物なんです！　自分の周囲はできるだけイケメンで固めたい！　実は買いたい投資信託のファンドマネージャーがイケメンで、もう前のめりなんです。こんな動機じゃダメでしょうか？

（ミホさん　61歳　フリーランス）

A イケメン氏が貴女と同じ投資方針かどうかをチェック。「任せられる！」と思ったら、存分に推し活を！

ミホさん。いいですねー自らの周囲をイケメンでそろえるイケメン包囲網！　そんなライフスタイルも、ばっちり薔薇色で素敵です。

アメリカでは当たり前のように、投資の運用チームの写真や、投資に関する考え方が公開されます。日本では少ないのでとても残念です。

私もイケメン社長や、イケメンファンドマネージャーの投資信託を、推し活するようにいくつも買っています。でも、ちょっとだけ待って！　決めてしまう前に、そのイケメン氏の投資方針と投資対象、そして実績をきちんと見極めましょう。

今回のイケメン氏、その運用方針にミホさんが共感できれば、全然問題ありません。ＯＫです！　投資はそもそも「こんな世の中になるといいな」っていう推し活ですしね。ＳＮＳがあればフォローしてみましょう。

RECOMMEND

HPやSNSで投資方針を確認

ハンサム氏が自分と同じ投資哲学を持っていることを祈りつつ♡

薔薇色老後の

向こう側

56歳、財産はすべて寄付します

ほんとうに仲の良いご夫婦で。研究者のご主人様に見守られ、奥様は幸せな専業主婦生活を過ごしていらっしゃいました。なのに、突然ご主人様が天に……。

デパートのハイブランドの顧客だった奥様ですが、暮らしの組み立て直しを迫られ、「私、メルカリでお洋服買ったんですよ。安くて素敵なの！」との電話に、私のほうがびっくりです。ご主人様の遺族年金を「天国からの仕送り」と貯金しながら、今は役所でパート勤務をなさっています。

お子さんがいないため、万一のときに備え、死後の手続きを任せられる団体と契約。遺産はご主人の研究所に寄付を約束し、保険の受取人は支えてくれた教会に変更する手続きもできました。「次は資産運用の相談を」との明るい声のお電話に、「はい！」と即答です♡

天に召されてからも薔薇色でありたい

第11章

実は保険も薔薇色金融商品なんですよ！

貴女のおうちの埋蔵金。「お宝保険」を探してみよう！

金融商品のお話が続いたので、今度は体を動かしましょう。貴女が入っている**保険の保険証券や、保険会社からのお知らせ**を探してきてください。えっ？　どこだかわからない？　よくあることです。この際、加入している保険をファイリングしておきましょう。

さて、無事お戻りになった方。改めて確認です。その保険は掛け捨て？貯蓄性の保険？

わからないなら、「満期保険金や解約返戻金を受け取れるか」を確認。受け取れないのは掛け捨てで、受け取れるのが貯蓄性の保険です。また一般的に、医療保険、がん保険、定期保険などは掛け捨て、終身保険、個人年金保険、学資保険、養老保険などは貯蓄性の場合が多いです。

次に、その保険にはいつ加入なさいましたか？　**加入したのが1996年4月1日以前ならば、決して安易に解約してはいけません。それは「お宝保険」なのです！**　バブル期は保険会社の予定利率が5～6％、バブルがはじけてしばらくの間は約3～4％ありました。ちなみに2024年現在、1％程度です。数倍の差があるんです！

この予定利率とは、加入時に「この利回りで運用しますよ」と保険会社が約束したもの。つまり、**予定利率が高ければ払い込む保険料に比べ、死亡保険金もたっぷりもらえる**のです。何も知らず、「新しい保険に変えちゃおう」だなんて、もったいない！　後から後悔しても、**一度解約したら二度と同じ条件で、同じ保険には入れません。**

保険は投資とも預貯金とも違う金融商品。いちばんわかりやすいのが◿□の法則

お宝保険があった方、ぜひ大事にしてくださいね。なかった方、「貯金も始めるつもりだし、保険なんてなくても……」となるのは早計です。**「終身保険」**、こちらにご注目。**いわゆる「死亡保険」で、誰もが一度はお世話になります**。そして、終身保険と預貯金との違いを左の図でご確認を。

毎月1万円の預貯金と、毎年1万円の保険料を払う300万円の終身保険を比べます。預貯金は、25年で300万円貯まりますね。でも、もし1年後にご不幸があった場合。終身保険は、300万円の保険金が支払われます。ところが預貯金だと、1年後の残高は12万円しかありません。預貯金は三角、保険は四角でお金が用意できるんですね。

預貯金と保険の違いは◿と□！

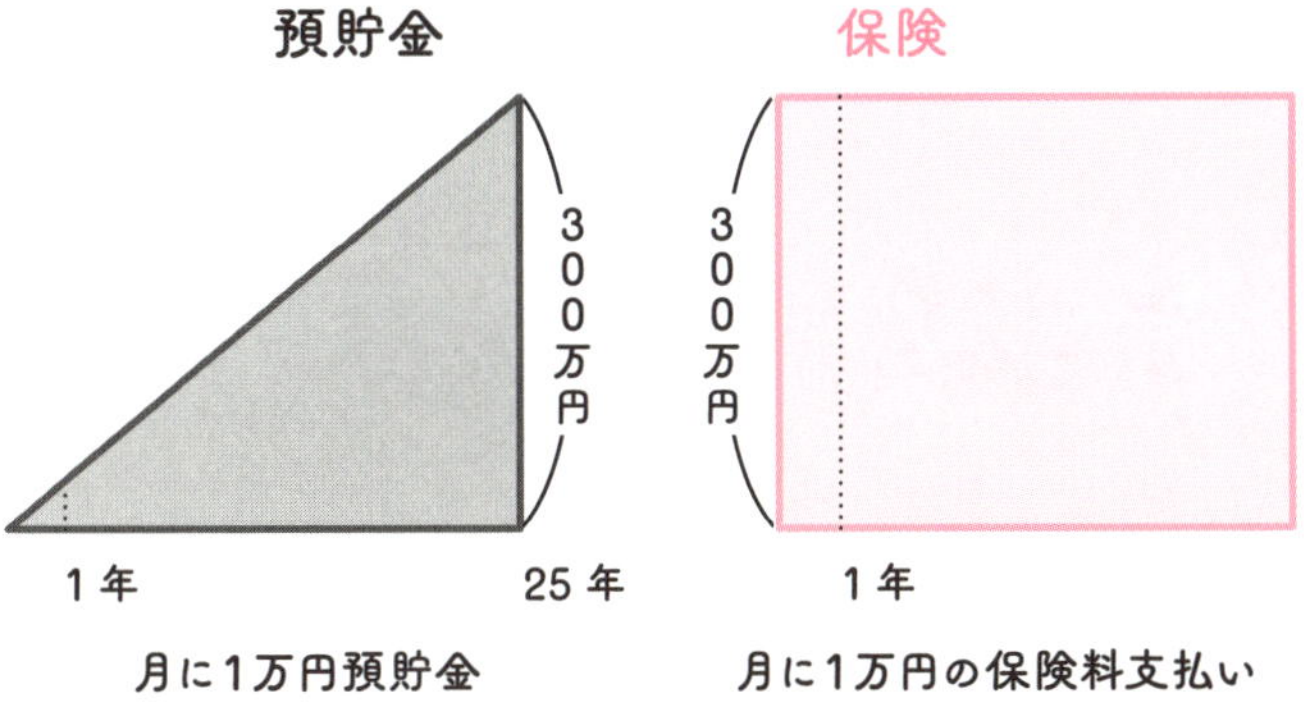
預貯金
保険
300万円
300万円
1年
25年
1年
月に1万円預貯金
月に1万円の保険料支払い

預貯金は
コツコツ積み立てることで
増えていく仕組み
終身保険は保険料を1回しか
払っていなくても
死亡したら保険金をもらえます

終身保険

ビギナーおすすめ度	★★★★★
山口的「彼氏」キャラ	

- 必ず実らせて みんなを幸せにする 農業系好男子!
- 好きな言葉は「一粒万倍」
- 人生のいざというときに 助けてくれる、頼もしい彼氏!

注目!

プロフィール		
	支払額より保障額が多い？	払った保険料より保障が大きくなるケースが多い
	どこで買えるの？	保険代理店、金融機関の窓口 保険会社の販売員による訪問販売
	どこでつくられているの？	保険会社
	商品の特徴は？	死亡時に保険金が支払われる
	どんな種類がある？	つみたて利率変動型終身保険 低解約返戻金型終身保険 変額終身保険、外貨建て終身保険など

利益や損失	解約返戻金は払込金より多い？　少ない？	解約の時期により異なる
	満期保険金はある？	保険期間の定めがないので 満期保険金はなし
	元本割れすることはある？	早期解約で、解約返戻金より 支払金額のほうが多い場合もあり
購入の注意点	どのくらいの保険料が必要？	商品によるが、統計によると 50 ～ 54 歳の年間の終身保険料は 平均 43.2 万円※1
	購入できる年齢制限はある？	商品によるが、80 歳までが一般的
	買うときに専用口座は必要？	特に必要なし
	加入できる時期は？	健康告知があるものは、 査定に問題がなければいつでも
保険金受取の注意点	満期設定はある？	終身保険は死ぬまでの保障なので 満期設定はなし
	保険金や解約返戻金の受け取り方は？	保険会社に連絡して手続き ネットや電話で完結する
	解約できない期間はある？	原則としていつでも解約ＯＫ ただし時期によっては 元本割れの危険性も
	保険金や解約返戻金はいつ入金される？	手続き完了の翌営業日から起算して 原則として 5 営業日以内
	相続のときは？	「500 万円×法定相続人の数」が 非課税になる
	課税される？	契約者・被保険者・受取人の関係により 相続税、所得税・住民税 贈与税等の課税対象になることがある
その他	途中で払えなくなったらどうする？	自動振替貸付制度や払済保険など 救済策があるので、保険会社に相談を

※1　生命保険文化センター「生活保障に関する調査」／令和4年度

クイズです。保険料の支払総額と保険金、どっちが高いと思いますか？

突然ですが、ここで楽しいクイズタイム〜♪

「貴女は終身保険に入りました。保険金は300万円です。あなたが支払う保険料の総額は、300万円より少ない？ 300万円より多い??」

私はよく、講演会や勉強会でこのクイズを出しますが、圧倒的に多いお答えは「300万円より多い」です。でも、ブッブー！ 残念。**保険料の支払い総額は保険金の5〜8割**。つまり、150〜240万円くらいで、300万円の保険金がもらえる仕組みなのです。※1

それでも保険会社が赤字にならないのは、機関投資家として貴女の保険料を長期運用しているから。そう、企業は事業として投資を行うのです。

※1商品、加入年齢などにより異なります

第11章 実は保険も薔薇色金融商品なんですよ！

またまたクイズです。終身保険は自分が生きているうちに活用できる？ できない？

「死亡したら300万円もらえる」というのが終身保険（生命保険）です。

当然、もらえるのは家族で自分は使えないじゃない……いいえ、お得に活用できる方法があるんです！

終身保険の保険料を、払い込みが終わって数年後に解約したとします。保険会社は払った保険料を戻してくれるでしょうか？ なんと！ 払った保険料よりも！ 増やして戻してくれます。 これ、自分で使えますよね！

「でも解約したら、家族に残すお金がなくなっちゃうじゃない？」という方、ご安心を、**保険は一部を解約することも可能**。つまり先ほどの保険、200万円だけ死亡保険金を残して、3分の1を解約し、その分の解約返戻金を受け取る、なんてこともできるんですね。

終身保険は「いざというときのための貯金」にも。そのうえお金を借りることもできます

銀行の金利がジワジワ上がりつつあるとはいえ、預貯金の利息で老後を薔薇色に過ごすのは至難の業。でも、投資はちょっと怖いし……と思っている貴女。**終身保険は「タイミングよく解約すれば、便利に使える貯金」**という位置づけで、老後資金計画に使える保険はないか、保険を再チェック。

保険がない方なら、10年後に家の外壁塗り替えで２００万円必要⇒10年後に解約すれば、２００万円の解約返戻金がもらえる終身保険に入る。それもいいでしょう。もちろん預貯金と比べてメリットがあるか、事前に確認することが大切です。保険料を一括で払う「一時払い」の保険や、「全期前納」という保険料全額を先に預ける保険は、お金が貯まりやすくなっています。

さらに、保険の解約返戻金は、一時所得になります。預貯金は、どんなに少ない利息でも、20・315％課税されますが、保険は増えて戻ってきても、増えた分が50万円までなら非課税です。※1解約まではしっかり死亡保障も付くわけですから、万一の時には保険金が受け取れます。

自分の保険から借金をすることもできる

保険の解約返戻金からお金を借りる「契約者貸し付け」。つまり、自分から借金をするわけですが、当然、一定の金利は付きます。

また、**返済しないと死亡保険金が減ったり、返済金額が膨れ上がると保険が失効したりすることが！** 自分からの借金だから、気楽に借りられるとはいえ、借金は借金。約束どおりに返すことは、第三者やローン会社からの借金とまったく同じです。

※1契約者と受取人が同一、他に一時所得がない場合。

保険に入るなら覚えておいてほしい合言葉。「いつ・いつ・どん」！

定年退職など、人生のステージが切り替わるときは、保険の見直しの絶好のタイミングです。今後の薔薇色老後生活を見据えて、保障内容がダブっているものは減らす、老後に備える保障のある保険に入るなど、ぜひ検討してみましょう。

そして、保険を見るときの合言葉をお忘れなく！　皆さま、ご唱和ください。**「いつ・いつ　どん！」**。

「いつ」まで保障がある？

……期限・期間はある？　終身保障？

「子どもが成人するまで」「死ぬまでずっと」など、これから歩む道のりと保障が並走できるものを選びましょう。

「いつ」まで保険料を払う？

……自分が何歳まで払うのか、その年まで払えるのかを検討

どんなによい保険も、定められた支払期間まで保険料が払えなければ買えません。でも保険は一括払いもできます。「退職金で支払い完了！」もＯＫ。

「どん」なときに保険金が受け取れる？

……自分にピッタリの保障内容と金額かどうか

死亡や介護状態になったら、３００万円など。貴女がその保険に入る目的に合致する保障かどうか、しっかり検討してくださいね。

CASE STUDY 17

強く押し切られて「NO」と言えず……。解約させられた古い保険を復活させたい！

いつもの保険の担当さんが辞められたと、新しい担当さんが来訪。「こんな古い保険、持ってても使えないですよ！」とまくしたてられ、加入中の保険をすべて解約のうえ、新たな保険に入れられて。でも、納得いかない！古い保険を復活させることはできますか。（リコさん　46歳　パート勤務）

A 保険勧誘のトラブルは生命保険協会へ。でも解約した保険は復活できないケースも

リコさん。嫌な経験をされて何と申し上げていいか……。まずは、保険会社のお客様センターなどに事情を話しましょう。

例えば、うその説明をして申込書を書かせ、健康告知を担当者が自分で書いて偽造したケースは、お金が全額戻ってきました。保険業法に違反するようなトラブルは、生命保険協会でも相談を受け付けています。

新たに入った保険は、所定の期間内ならクーリング・オフできます。リコさんの新契約が、古い保険から新しい保険の「転換」という契約であれば、このクーリング・オフが使えて、もとの状態に契約を戻せます。

一般的なお話で言うと、保険を解約したあとに復活させることはできません。解約してから健康診断でガンが見つかり、解約を取り消したいというお申し出はよくあるそうなので、解約する際は充分気をつけましょう。

RECOMMEND

生命保険協会&クーリング・オフ

新たな保険の内容に問題がないかどうかも確認してみて。

薔薇色老後

終章

65歳、薔薇色を貫いて天国へ……

私が「自分のためのお金を用意して、薔薇色の老後を楽しみましょう！」と言っても、「もう年だし、自分のためだなんて、そんな贅沢はいいわ」と及び腰になってしまう大和撫子のなんと多いことか！

でも、諦めていた夢を、そのまま置き去りにして後悔しませんか？ 「わあ、いいなあ♡」という思いにふたをして、悲しくありませんか？

とある女性は、子どものころに親に習わせてもらえなかったバレエを、60代になってから始めました。「憧れのチュチュ、やっと着られたのよ！　50年越しの夢を叶えたの！」。ただ、彼女がバレエを満喫できたのは、ほんの数年でした。病が彼女を遠い場所に連れ去ったのです。お別れの会……遺言どおりに、彼女はとっておきのチュチュを着て弔問客を迎えました。

貴女にとっての薔薇色を諦めて後悔しないで！

第12章

「今」を乗り越え「薔薇色老後」へ進むためのロードマップ

「薔薇色の老後なんて無理！　だって借金がぁ……(号泣)」
無料相談窓口に電話しましょう。助けてくれます。

「電気が止まりました」「多重債務で毎月自転車操業です」「サラ金からの取り立ての電話が年中かかってきて、仕事ができません」

私はこの程度の相談では、まったくビビらなくなりました。なぜなら、私のお客様には、**ゼロどころかマイナスから奮起し、薔薇色の道を歩み始めている方がたくさんいらっしゃる**からです。

人生には、「まさか」という坂があるといいます。貴女がもし、お金のことで困り果てて立ちすくんでしまっても、絶望だけが友ではありません。**無料で相談に乗ってくれる公的機関、信頼できる協会**があります。そして、どん底から立ち上がる道筋もわかっています。ぜひ覚えておいてください。

●マイナスから薔薇色へのロードマップ

【STEP1】相談する

相談は早めに！　返済が遅れそうなときは、すぐに金融機関に相談の電話を。

【STEP2】生活の立て直し

家計簿で家計管理をし、固定費を削減。毎月の黒字化をめざします。任意整理や自己破産をする場合、手続きをすることで取り立てはストップします。

【STEP2】貯金スタート

返済と同時に、自分のためのお金を貯めます。500円玉貯金や月末に余ったお金の貯金でOK。できる限り、お金が手元に残るようにやりくりを。

【STEP4】3年後に投資スタート

任意整理の返済期間は、おおむね3年。3年後には、NISAでつみたて投資ができるのを目標に、しっかりとお金の土台をつくりましょう。

（お金にまつわる悩みを解決！
無料の相談先一覧）

名称	何をしてくれる？
法テラス（日本司法支援センター）	「どこに相談したらいいかわからない」「法制度を知りたい」など、法的トラブル解決の情報やサービスを提供する総合案内所。収入や資産が一定基準以下なら、弁護士や司法書士の相談が無料で受けられるうえ、弁護士や司法書士費用の立て替え制度もある。
日本クレジットカウンセリング協会	日本弁護士連合会、消費者団体、クレジット業界等が設立したものだから安心。弁護士など、さまざまな専門家が生活の再建を手助けしてくれる。そのほか、返済計画の立案や、必要なら家族で面談も可能。
全国銀行協会カウンセリングサービス	個人向けローンの利用者を対象とした「カウンセリングサービス」を実施。銀行の住宅ローン、カードローンの返済で困ったときに相談できる。東京は電話と面談、大阪は面談のみ。
依存症対策全国センター	ギャンブル等で、多重債務になったときなどに相談できる、アルコールやギャンブルなどの依存症のポータルサイト。自助グループや医療機関の検索ができる。
消費者ホットライン	局番なしの「188」に電話すると、近くの消費生活センターや消費生活相談窓口を案内。通信販売や悪質商法などの相談ができる。※相談は無料だが、窓口につながったら通話料金は発生する。

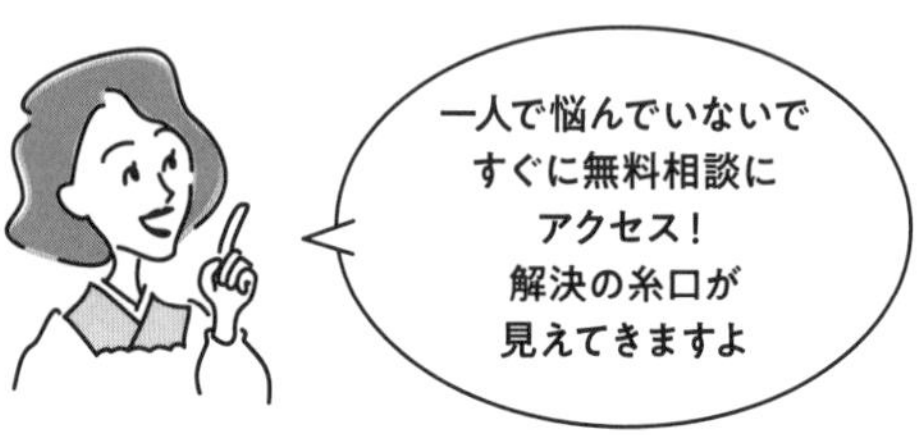
一人で悩んでいないで
すぐに無料相談に
アクセス！
解決の糸口が
見えてきますよ

お金の相談や借り入れができる公的制度

名称	窓口	何をしてくれる？
家計相談支援制度	市区町村の窓口(生活困窮者自立支援センター、福祉相談窓口、自立相談支援センターくらしサポートセンターなど)	その人に応じたアドバイスと生活再建のプランを提示。再び困窮状態になることを防止し、主食サポートや、貸し付けも。
生活福祉資金貸付制度	市区町村の社会福祉協議会	高齢者や低所得者、障害者の世帯が対象。各都道府県社会福祉協議会が審査。国から低金利で融資が受けられる。
緊急小口貸付金制度	市区町村の社会福祉協議会	医療費や介護費の支払いや、解雇や休業等による収入減などにより、日常生活に支障をきたす状態で、緊急性・必要性が高いと認められるとき、10万円以内で貸し付け。
総合支援資金貸付	市区町村の社会福祉協議会	失業や収入減により生活に困窮している人で、貸し付けにより自立が見込まれる人が対象。離職中なら、ハローワークへの求職申し込みと職業相談が必須。
住宅確保給付金	最寄りの自立相談支援機関	離職や廃業から2年以内、もしくは休業による収入減で住む場所をなくす恐れがある人が対象。原則3カ月、最大9カ月、自治体から家主に家賃を支給。
生活保護制度	市区町村の福祉事務所	世帯の収入のみでは国が定める最低生活費に満たない場合、受給可能。生活保護の申請は国民の権利なので、困ったときにはまず相談を。

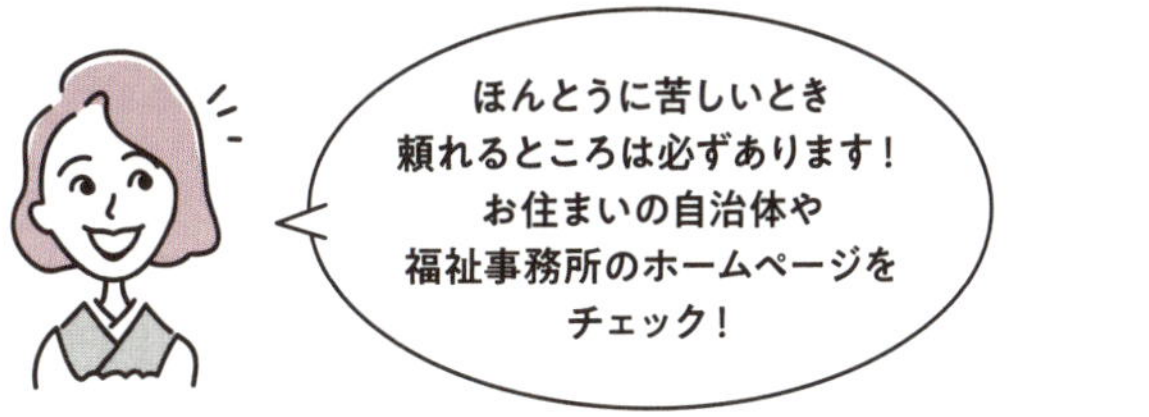
ほんとうに苦しいとき
頼れるところは必ずあります！
お住まいの自治体や
福祉事務所のホームページを
チェック！

貴女の夢は「かけがえのない一輪の薔薇」。ぜひ、いえ、ぜったいに咲き誇らせましょう！

「貴女にとって、薔薇色の老後ってどんなイメージですか？」。たくさんの女性にそうお聞きしたところ、「ハイジュエリーを身に着け、パリでエレガントに暮らしたい」と、絵に描いたような薔薇色を語る方は、いらっしゃいませんでした。多くの方がしばらく考え込まれたあと、おずおずと「そうですね……食べるのに困ることはなく、できればたまには外食して、年に1回くらい旅行に行けたら理想的ですね」とおっしゃいます。そして、こうも続けられるのです。「**本当にこんな私でも、そんな薔薇色の老後なんて過ごせるのでしょうか？**」

ちょっと不安そうな彼女たちに、私はロトの図（202ページ）を使い、

年金「＋α」は「このピンクの部分ですよ」と説明します。たとえば、生活費20万円、年金15万円、70歳まで働く場合。**90歳までの「α」は、５万円×12カ月×20年＝１２００万円**です。もし現在55歳なら、70歳まであと15年。**貯金で用意するなら、ひと月６万６６６７円ずつ貯める計算**です。

もし、貯金ではなく、つみたて投資する場合。その半分の**毎月３万円ずつ15年間つみたて投資し、５％で運用**できたなら……積み立てた**元本の５４０万円は、約８００万円に成長**します。そのうえ、積み立ては70歳でストップし、そのまま運用を続け、**毎月５万円ずつ取り崩すと、90歳までお金がもちます**。つまり、６万円以上貯金するために、**節約して切り詰めなくても、その半額以下の投資で老後のお金を準備**できるのです。

老後に必要な「年金＋α」を用意して取り崩す例

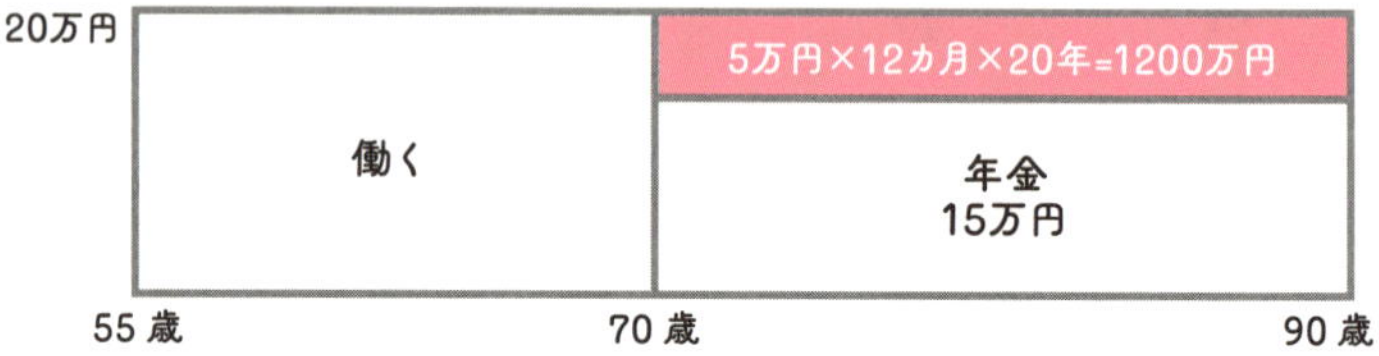

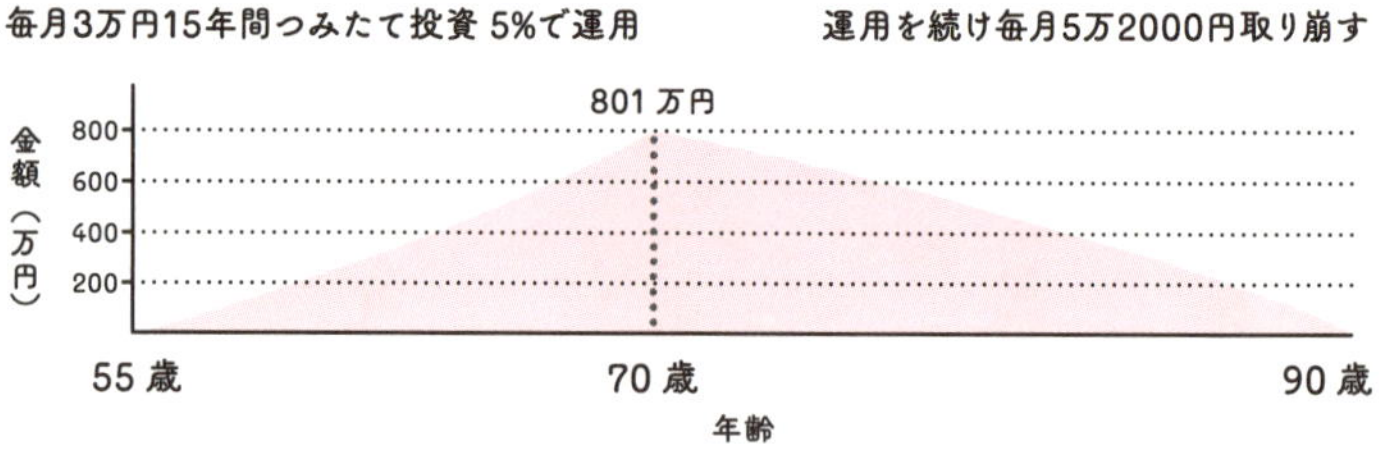

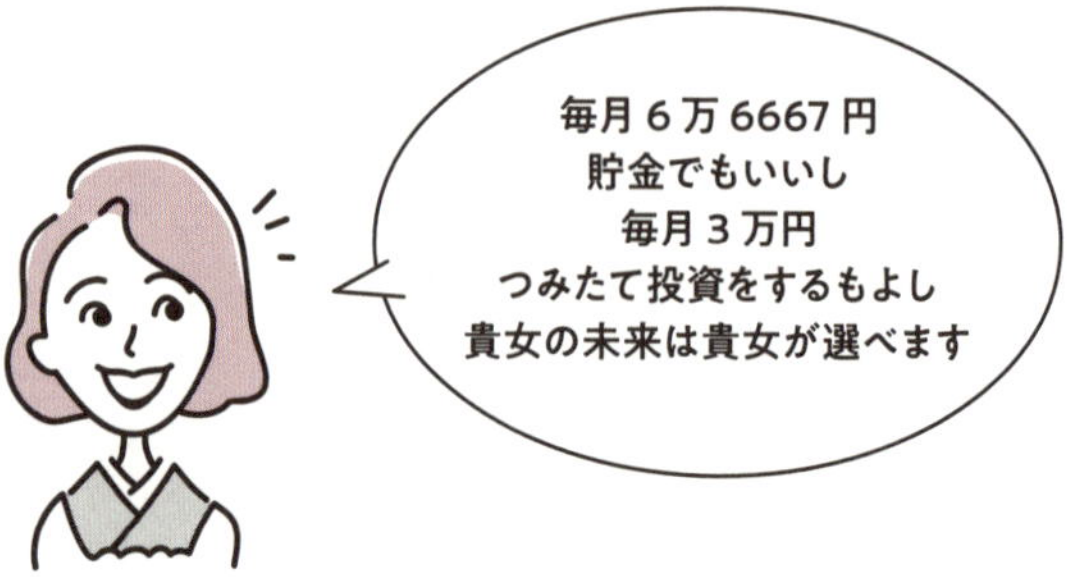

つみたて投資でよく購入される「オルカン（オール・カントリー、全世界株式）」などの、世界株のトータルリターン※1は年率10％以上。右ページの年率5％は、実現可能な数字を当てた試算です。

ただし、これは貴女の将来の利益をお約束するものではなく、投資である以上、思いがけない損失が出ることもゼロではありません。よって、**暴落の危険性のない、定期預金や個人向け国債をキープしておくことも大事です。**

「でも、もし全世界株安が続いたら？」「未曾有の天災があったら？」「寝たきりになったら？」「通り魔に襲われたら？」……永遠に不安は出てきます。でも、それらに怖気づいて、立ち止まる時間が惜しくありませんか？ それより**貯金を始め、年金額を確認したほうが建設的。そして、老後を薔薇色にするもの……「夢」を見定めるのが先決です！**

※1 一定の期間にどれくらい値上がり（値下がり）したかを、年率で表したもの。

最後に…… 2500人以上の人生とお金の悩みに寄り添った
山口おすすめの薔薇色老後への8ステップ！

STEP 1

夢ノートに薔薇色老後の夢を書き出す ⇒ p.26

人生のラストスパートで、立ち止まるのも後悔するのももったいない。
「できない」と決めつけず諦めず、めざせ薔薇色老後!

STEP 2

年金を調べる ⇒ p.30

天に召されるその日まで、貴女を支えるパートナーのこと、知っておきましょう。
公的&私的年金を知ることで、【STEP3】のロトの図が書けます。

STEP 3

ロトの図を書く ⇒ p.40

年金にあといくらあればよいのか、夢用資金もプラスして計算を。
これで、「+α」はどのくらい必要か、何歳まで働くか？　などがリアルに。

STEP 4

「いつ・いくら・どん」を作る ⇒ p.154

「いつまで?」70歳までに、「いくら?」2000万円、
「どんな方法で?」つみたて投資で、などなど。老後資金の計画を立てて。

STEP 5
お金の土台を仕込む
⇒ p.68

暮らしに困らないお金を口座にキープすること、
5年以内に予定されている出金に備えることで、お金に泣かされない老後に!

STEP 6
新NISAで「つみたて投資」をする
⇒ p.157

収入格差より投資格差が、老後の薔薇色度を決める時代。
積立定期預金と同程度の手間でスタートできる「つみたて投資」を!

STEP 7
夢軸で仕事する
⇒ p.56

老後は現役時代ほど、シャカリキに働く必要がない人がほとんど。
貴女の夢が叶うこと、憧れていたことでお金を得ましょう。

STEP 8
新NISAで運用しながら使う
⇒ p.110

あの世でお金は必要ありません。増やすことも大事ですが、
貴女の夢のためにお金を使う計画も、ちゃんと実行してくださいね♡

あとがきにかえて

私はお金の専門家なので、初めてお目にかかる方に、いきなりふところ事情をお伺いするという、かなり特殊な仕事をしております。皆様のお金事情からは、それまでの人生や、日々の暮らし、お悩みが垣間見えます。「守秘義務があるので、安心してお話しください」と申し上げると、誰にも言えなかったことを涙、涙で語ってくださり、相談にならなかったことも多々……。

私がお手伝いできるのはお金の問題だけですが、複雑に絡み合った課題をほどいて、その中の1つが解決するだけでも一歩前に進めます。

老後のお金は、みんなに共通している課題です。不安要素を挙げればきりがありません。でも、灰色の老後より、自分なりの薔薇色の老後のほうがいいですよね。

今、貴女は薔薇園へのロードマップを手にしました。

薔薇色の老後を送るには、それを具体的にイメージし、お金を準備しはじめることです。そのためには、読んで終わりではなく、行動が大事。この本を読んで24時間以内に、ぜひ1つ行動を起こしてください。例えば、夢ノートを作る、通帳を見る、IDとパスワードを探す、NISA口座を開く……何でもいいのです。

お金に目を背けず、行動を起こすのは、人生と向き合うことと同じです。

貴女の老後が、お金で悩まされることなく薔薇色に輝きますように！

お金と人生に寄り添うファイナンシャルプランナー　山口京子

STAFF
企画・編集　河村ゆかり
イラスト　シホ
デザイン　ベルノ（小林 宙　福田恵子）
校正　島田すみれ
編集担当　髙橋薫

お金も人生も薔薇色！ 老後計画

著　者　山口京子
編集人　東田卓郎
発行人　殿塚郁夫
発行所　株式会社　主婦と生活社
〒104-8357 東京都中央区京橋 3-5-7
https://www.shufu.co.jp
編集部　☎03-3563-5129
販売部　☎03-3563-5121
生産部　☎03-3563-5125
製版所　東京カラーフォト・プロセス株式会社
印刷所　大日本印刷株式会社
製本所　共同製本株式会社
ISBN978-4-391-16357-5